EXPOSIÇÃO REFLETIDA DOS DIREITOS DO HOMEM E DO CIDADÃO

COLEÇÃO CLÁSSICOS DO DIREITO
ABADE SIEYÈS

EXPOSIÇÃO REFLETIDA DOS DIREITOS DO HOMEM E DO CIDADÃO

2ª Edição

VOLUME 1

Organização, estudo introdutório e tradução de Emerson Garcia

SÃO PAULO
EDITORA ATLAS S.A. – 2015

© 2015 by Editora Atlas S.A.

A primeira edição deste livro foi publicada pela Editora Lumen Juris em 2008; 2. ed. 2015

Capa: Leonardo Hermano
Composição: Entexto

Dados Internacionais de Catalogação na Publicação (CIP)
(Câmara Brasileira do Livro, SP, Brasil)

Sieyès, Abade, 1748-1836.
Exposição refletida dos direitos do homem e do cidadão / Abade Sieyès ; organização, estudo introdutório e tradução de Emerson Garcia. – São Paulo : Atlas, 2015. – (Coleção clássicos do direito ; v. 1)

Bibliografia.
ISBN 978-85-224-9988-5
ISBN 978-85-224-9989-2 (PDF)

1. Cidadania 2. Direitos civis 3. Direitos humanos I. Garcia, Emerson. II. Título. III. Série.

15-02791
CDU-342.7

Índice para catálogo sistemático:
1. Direitos do homem e do cidadão : Direito constitucional 342.7

TODOS OS DIREITOS RESERVADOS – É proibida a reprodução total ou parcial, de qualquer forma ou por qualquer meio. A violação dos direitos de autor (Lei nº 9.610/98) é crime estabelecido pelo artigo 184 do Código Penal.

Depósito legal na Biblioteca Nacional conforme Lei nº 10.994, de 14 de dezembro de 2004.

Impresso no Brasil/*Printed in Brazil*

Editora Atlas S.A.
Rua Conselheiro Nébias, 1384
Campos Elísios
01203 904 São Paulo SP
011 3357 9144
atlas.com.br

Tradução do original francês intitulado:
Préliminaire de la Constitution. Reconnaissance et Exposition Raisonnée des Droits de l'Homme et du Citoyen, Versailles: D. Pierres, 1789.

Sumário

Explicação inicial, 9

Contornos Essenciais da Declaração dos Direitos do Homem e do Cidadão de 1789 (estudo introdutório), 15

Nota biográfica, 69

EXPOSIÇÃO REFLETIDA DOS DIREITOS DO HOMEM E DO CIDADÃO, 73

Anexo I – Declaração dos Direitos do Homem e do Cidadão de 1789, 107

Anexo II – Declaração Universal dos Direitos Humanos de 1948, 113

EXPLICAÇÃO INICIAL

A temática dos direitos humanos tem sido objeto de abordagem recorrente nos mais variados ramos do direito. No direito internacional público, por exemplo, o século XX testemunhou o redimensionamento do papel da pessoa humana no plano internacional: de refém do direito interno foi alçada ao epicentro das preocupações da ordem internacional, calcada em bases voluntaristas ou não; de objeto de direito transmudou-se em sujeito de direito, sendo visível a ampliação dos mecanismos de acesso às organizações internacionais. No direito constitucional, os direitos fundamentais não só têm sido contemplados num farto rol, como, também, têm assumido um papel de preeminência no próprio processo de interpretação das disposições constitucionais, sendo sempre preferível aquele sentido que se harmonize com a sua essência. No direito infraconstitucional, todo e qualquer preceito normativo há de ser lido com as "lentes da Constituição", na qual, como dissemos, sobressai a relevância dos direitos fundamentais.

Enfim, a moderna sociedade internacional é a sociedade internacional dos direitos humanos, o mesmo tendo ocorrido no plano do Estado de Direito, que se transmudou em Estado de Direitos Humanos ou, a gosto do leitor, em Estado de Direitos Fundamentais.

Com os olhos voltados a essa realidade, ao que se soma o sexagésimo aniversário da Declaração Universal dos Direitos Humanos,[1] adotada e proclamada pela Resolução nº 217 A (III), da Assembleia Geral das Nações Unidas, de 10 de dezembro de 1948, e que consubstancia um dos grandes marcos na evolução do Direito Internacional Público, pareceu de todo oportuna a tradução do opúsculo escrito pelo grande Emmanuel Joseph Sieyès e que, de forma algo sugestiva, é intitulado *Préliminaire de la constitution: reconnaissance et exposition raisonée des droits de l'homme et du citoyen*.

Como deflui da literalidade da versão francesa, o reconhecimento dos direitos humanos é algo que antecede a própria ordem constitucional: é uma preliminar à sua elaboração. Esse reconhecimento reflete a base axiológica que fundamenta e confere coesão à ordem jurídica; é um atestado dos níveis de consciência, autopreservação e solidariedade de um povo, norteando a própria funcionalidade a ser atribuída ao aparato estatal. Pessoa humana e Estado de Direito mantêm entre si uma relação instrumental, mas qual é o instrumento e qual é o fim? A resolução dessa proposição, de indiscutível simplicidade no atual estágio de evolução do Estado de Direito, foi objeto de profunda controvérsia nos anos turbulentos da Revolução Francesa. Para

---

[1] A designação atual resultou da Resolução nº 548 (VI) da Assembleia Geral, que deliberou pela substituição da anterior – Declaração Universal dos Direitos do Homem – em todas as publicações das Nações Unidas.

romper com o *status quo*, os revolucionários logo reconheceram a conveniência de se elaborar uma Declaração dos Direitos do Homem e do Cidadão, sendo o Abade Sieyès incumbido do respectivo projeto.

Sieyès elaborou o seu precioso escrito num contexto em que o Estado francês era organizado em três ordens, a nobreza, o clero e o povo, sendo comandado pelas duas primeiras: ao povo não eram reconhecidos direitos – a não ser o de trabalhar, obviamente –, a liberdade era algo almejado, mas longe de ser concretizado, e a propriedade não era acessível à maior parte da população. Não bastasse isto, ainda no auge do Estado Absoluto, punições corporais eram comuns e o devido processo legal ainda carecia de concretização.

Encampando as concepções filosóficas do liberalismo clássico, Sieyès reconheceu a existência dos direitos inatos do homem, estando o Estado funcionalmente vocacionado à sua proteção. Rompendo com os dogmas vigentes à época, preconizou a igualdade entre todos os homens, com a consequente proscrição dos privilégios. Essa igualdade, no entanto, bem ao gosto do liberalismo clássico, não conferia direitos às mulheres e apregoava o voto censitário, que somente seria acessível àqueles que, recolhendo tributos, contribuíssem para a manutenção do Estado. Essa última circunstância, aliás, é plenamente justificável quando lembramos que tanto a Revolução Francesa quanto a elaboração da Declaração dos Direitos do Homem e do Cidadão foram dirigidas pela burguesia.

Os direitos básicos (inatos) de todo homem seriam a liberdade, a propriedade, a segurança e a resistência à opressão, que coexistiriam com o direito de participação política, este último próprio do cidadão. Daí se falar em direitos do *homem* e do *cidadão*. O poder público, em qualquer caso, sempre emanaria do povo, com o que se rompeu com dogmas assentados em bases teológicas e se contribuiu para a distinção entre Poder Constituinte e Poder Constituído.

As reflexões e o projeto ofertado por Sieyès, no entanto, não se limitam aos denominados direitos fundamentais de primeira geração ou dimensão, caracterizados, essencialmente, por uma postura abstencionista do Estado, que não deve avançar numa esfera jurídica reservada ao indivíduo. Além de realçar a existência do "Estado Social", formado a partir da união dos indivíduos em sociedade, Sieyès preconizava a existência de uma solidariedade social, isto, obviamente, sem prejuízo do dever de o Estado concorrer para a satisfação das necessidades individuais. Em suas palavras: *"é fato que aquele cidadão de má sorte que condene a incapacidade do poder público para atender às suas necessidades tem justo direito ao socorro de seus concidadãos. É fato que nada é mais próprio ao aperfeiçoamento da espécie humana, à moral e ao físico que um bom sistema de educação e de instrução pública. É fato que uma Nação forma com os outros povos relações de interesse que merecem de sua parte uma supervisão ativa etc. Mas não é na declaração de direitos que devemos encontrar a lista de todos os bens que uma boa constituição pode fornecer às pessoas. Basta dizer, assim, que os cidadãos têm, em comum, direito a tudo que o Estado possa fazer em seu favor".* Construções dessa natureza, recorrentes no arvorecer do *Welfare State*, eram verdadeiramente inovadoras à época do liberalismo clássico.

O escrito de Sieyès une, com perfeição, plasticidade formal e lógica argumentativa, mantendo indiscutível atualidade. A tradução, ademais, além de homenagear o grande pensador e contribuir para a compreensão da linha evolutiva dos direitos humanos, suprirá uma lacuna nas letras jurídicas de língua portuguesa, o que em muito dificultava o acesso do público em geral.

Com o objetivo de contribuir para a compreensão do escrito de Sieyès e do relevante papel desempenhado pela Revolução Francesa na linha evolutiva dos direitos humanos, elaboramos breve estudo introdutório intitulado *Contornos essenciais da declaração dos direitos do homem e do cidadão de 1789*, em que analisamos os eventos que a antecederam, sua estrutura básica e sua importância no atual direito francês. Idêntico objetivo norteou a decisão de inserir três anexos: o primeiro indicando a cronologia da Revolução Francesa, o segundo contendo a Declaração de 1789, e o último, a Declaração Universal dos Direitos Humanos de 1948.

Emerson Garcia

Pós-doutorando, Doutor e Mestre em Ciências Jurídico-Políticas pela Universidade de Lisboa. Especialista em *Education Law and Policy* pela European Association of Education Law and Policy (Antuérpia – Bélgica) e em Ciências Políticas e Internacionais pela Universidade de Lisboa. Membro do Ministério Público do Estado do Rio de Janeiro, consultor jurídico da Procuradoria Geral de Justiça e Diretor da *Revista de Direito*. Consultor Jurídico da Associação Nacional dos Membros do Ministério Público (CONAMP). Membro da American Society of International Law e da International Association of Prosecutors (Haia – Holanda).

CONTORNOS ESSENCIAIS DA DECLARAÇÃO DOS DIREITOS DO HOMEM E DO CIDADÃO DE 1789

Emerson Garcia

1 Aspectos introdutórios; 2 A Declaração dos Direitos do Homem e do Cidadão e o seu alicerce jusnaturalístico; 3 A Nação como epicentro do poder; 4 A consagração dos direitos de primeira geração ou dimensão; 5 A reverência à democracia e ao princípio da legalidade; 6 O direito à igualdade; 7 As liberdades fundamentais; 8 As liberdades fundamentais como direitos não absolutos; 9 O princípio da separação dos poderes; 10 A força normativa das Declarações de Direitos; 11 A Declaração dos Direitos do Homem e do Cidadão como parte do bloco de constitucionalidade do direito francês; 12 Os objetivos de valor constitucional do direito francês; Epílogo.

1 Aspectos introdutórios

Ainda hoje, mais de dois séculos após o seu desfecho, a Revolução Francesa, justamente vista como um dos pilares do liberalismo clássico, continua a ser objeto de reflexão e, acima de tudo, admiração.

De modo correlato aos acontecimentos que motivaram a independência das colônias norte-americanas, também ali se lutava contra o arbítrio e se almejava o reconhecimento de um rol mínimo de direitos para o povo. A diferença, no entanto, residia no *status* do opressor: era um inimigo interno, materializado num regime político organizado em ordens (*rectius*: castas), em que a maior parte da população era desprovida de direitos. No plano político, tinha-se a monarquia absoluta; no econômico, uma organização preponderantemente rural.

No Antigo Regime francês, que compreende o período entre os séculos XVI e XVIII, a sociedade era hierarquizada em três ordens ou estados: o clero, a nobreza e o povo.[1] As duas primeiras detinham o poder e os privilégios, à última restava o trabalho, sem direitos correlatos. Cada ordem recebia um tratamento diferenciado da lei: o clero, por exemplo, era regido por um sistema jurídico específico, o Direito Canônico, sendo seus membros julgados por seus próprios pares. A magistratura judicial e as altas patentes do exército eram reservadas aos nobres, que também possuíam foro próprio e não podiam sofrer penas degradantes.

A nobreza e o clero, além de estarem isentos de impostos, tinham reconhecido, para as suas classes mais elevadas, um direito de imunidade, o que lhes permitia abrigar foragidos da Justiça. Ao povo, por sua vez, restava pagar pelo uso da terra, arcar com a carga tributária necessária à manutenção das duas outras ordens e, por fim, ter negado qualquer direito de liberdade ou de participação política.

---

[1] Cf. BELO, Filomena; OLIVEIRA, Ana. *O que foi a Revolução Francesa*. Coimbra: Quimera, 2001, p. 9.

Além da desigualdade entre as ordens, cada uma delas apresentava escalonamentos internos. Conquanto fosse possível a transposição horizontal, vale dizer, a passagem de uma ordem para outra, era praticamente impossível o evolver vertical, a ascendência dentro de uma mesma ordem. As classes mais baixas do clero ostentavam uma situação de penúria semelhante à população em geral.

No âmbito da Terceira Ordem ou, na expressão mais conhecida, Terceiro Estado, a burguesia era a minoria. Apresentava um escalonamento que se estendia dos detentores do capital, classe mais abastada, aos pequenos artesãos, que se dedicavam ao trabalho manual e se encontravam em situação semelhante à do povo. A burguesia superara a aristocracia nos planos econômico e cultural, mas, por pertencer ao Terceiro Estado, além de ter direitos limitados, tinha o acesso a determinados bens de consumo vedado por lei, o que era causa de grande insatisfação.

É nesse quadro que eclode a Revolução Francesa: classes dominantes querendo preservar seus privilégios, classes incipientes lutando para participar da vida política do Estado e ter um rol mínimo de direitos reconhecido.

Face à efervescência dos acontecimentos, nitidamente agravados pela carência de gêneros alimentícios, Luís XVI, em outubro de 1788, promete convocar os Estados Gerais, o que não ocorria desde 1614. Os Estados Gerais consubstanciam a reunião dos três Estados (nobreza, clero e povo) em Assembleia, com o objetivo de deliberar sobre assuntos de natureza da Nação. A fórmula aparentemente democrática cedia lugar à posição de inferioridade do Terceiro Estado, o povo, o qual, apesar de congregar um maior número de membros, se reunia separadamente e tinha um peso inferior nas deliberações, que eram conduzidas pela nobreza e pelo clero. O regulamento eleitoral de janeiro de 1789 consagrava o voto censitário, somente acessível àqueles que pagassem impostos, o que excluía grande parte do povo e assegurava à burguesia a representatividade do Terceiro Estado nos Estados Gerais.

Os Estados Gerais iniciam os seus trabalhos em 5 de maio de 1789. Face à intransigência do clero e da nobreza, que aglutinavam apenas 200.000 indivíduos, os deputados do Terceiro Estado recusam-se a reunirem-se em Câmara particular e se autoproclamam, em 17 de junho, Assembleia Nacional, iniciativa que foi amplamente repudiada e declarada nula por Luís XVI em seu pronunciamento do dia 23. Face à pressão popular e à adesão de alguns nobres ao movimento, o Rei, no dia 25, convoca os demais deputados da nobreza e do clero para integrarem-se à Assembleia Nacional, sendo esse o início da derrocada da autoridade real.

Os deputados do Terceiro Estado, agindo como cidadãos ativos, não apenas como súditos, insurgem-se contra o Antigo Regime, defendendo a reorganização da sociedade. Em 7 de julho de 1789 a Assembleia Nacional proclama-se Assembleia Constituinte, sendo decisiva a influência da construção teórica do Abade Sieyès,[2] que reconhecia a importância do Terceiro Estado e estabelecia a distinção entre Poder Constituinte e Poder Constituído: o primeiro atribuído à Nação, o segundo aos governantes.

---

[2] SIEYÈS, Emmanuel Joseph. *Qu'est-ce que le tiers-état?* 3. ed. Paris, 1789. Sieyès principia sua obra apresentando as respostas a três questionamentos: "1º. O que é o Terceiro Estado? Tudo. 2º. O que ele foi na ordem política até o presente? Nada. 3º. O que ele pede? Ser alguma coisa."

Fruto do pensamento revolucionário francês, a Declaração dos Direitos do Homem e do Cidadão (DDHC) pode ser concebida como um dos marcos mais relevantes da linha evolutiva dos direitos humanos. Aprovada em 26 de agosto e votada definitivamente em 2 de outubro de 1789, sua elaboração foi decidida em 14 de julho, na mesma ocasião em que forças populares tomavam a Bastilha.[3] Os debates se iniciaram no Comitê de Constituição a partir do projeto ofertado pelo Abade Sieyès,[4] ao qual se somaram aproximadamente outros 30 projetos de base.

A DDHC, harmônica com as concepções políticas e filosóficas da época, delineia uma concepção extremamente individualista da sociedade, assegurando a coexistência dos homens com o máximo de independência possível e impondo limites ao exercício do poder estatal.[5] O seu grande reconhecimento, tanto na França como no exterior, pode ser atribuído às suas características de abstração, universalidade e intemporariedade,[6] isto sem olvidar a plasticidade do texto e a concisão de ideias, permitindo a fácil transposição e consequente adaptação a realidades distintas.

Não obstante os limites semânticos do seu título, a DDHC não permanece adstrita à indicação dos direitos e

---

[3] DUVERGER, Maurice. *Manuel de droit constitutionnel et de science politique*. 5. ed. Paris: Presses Universitaires de France, 1948, p. 222.

[4] SIEYÈS, Emmanuel Joseph. *Preliminaire de la constitution*: reconnaissance et exposition raisonnée des droits de l'homme et du citoyen. Versailles: D. Pierres, 1789.

[5] Cf. HAMON, Francis; TROPER, Michel; BURDEAU, Georges. *Manuel de droit constitutionnel*. 27. ed. Paris: L.G.D.J, 2001, p. 304.

[6] Cf. PACTET, Pierre. *Institutions politiques*: droit constitutionnel. 14. ed. Paris: Masson, Armand Colin, 1995, p. 124.

das liberdades individuais. Num texto extremamente sintético e de acentuado rigor formal estão previstos: (I) os contornos gerais da organização do poder político, como é o caso da soberania nacional (arts. 3º e 6º), da necessidade de uma força pública (art. 12) a ser custeada pelos cidadãos (art. 13), da aceitação dos tributos pela população (art. 14), da responsabilidade dos agentes públicos (art. 15), da lei como expressão da vontade geral (16) e da separação dos poderes (art. 16); e (II) os direitos do homem e do cidadão.

Sob outra ótica, a DDHC passou ao largo dos deveres do homem e do cidadão,[7] o que, na visão de Hauriou, terminou por destoar da visão da pessoa humana como "totalizador".[8] Afinal, "ela totaliza um conjunto de poderes em comparação com um conjunto de deveres, e a sua obrigação moral é pôr o primeiro conjunto a serviço do segundo". Em linhas gerais, a concepção de dever fundamental indica a existência de uma situação de imposição ou de adstrição constitucionalmente estabelecida, imposta aos indivíduos perante o poder público ou perante terceiros.[9] A exemplo dos direitos fundamentais, também os deveres se colocam como "problemas de articulação e de relação do indivíduo com a comunidade".[10] Podem ser concebidos como manifestação da dimensão objetiva dos direitos fundamentais,

---

[7] Esse quadro foi contornado pela Declaração de Direitos anexa à Constituição de 1793, que não chegou a entrar em vigor.

[8] HAURIOU, Maurice. *Précis de droit constitutionnel*. 2. ed. Paris: Librairie du Recueil Sirey, 1929, p. 634-635.

[9] Cf. MIRANDA, Jorge. Manual de direito constitucional. 3. ed. Coimbra: Coimbra, 2000, t. IV, p. 76-77; e DEL VECCHIO, Giorgio. *Lo stato*. Roma: Editrice Studium, 1953, p. 97-98.

[10] Cf. GOMES CANOTILHO, J. J. *Direito constitucional e teoria da constituição*. 7. ed. Coimbra: Almedina, 2003, p. 531.

indicando a necessidade de os cidadãos participarem ativamente da vida pública e de se empenharem, solidariamente, na transformação das estruturas sociais (v.g.: o dever de pagar tributos).[11]

Conduzida pela burguesia, a DDHC assegurou a liberdade e a propriedade, pondo fim às desigualdades que caracterizavam a ordem jurídica do Antigo Regime. Apesar de sua plasticidade formal, não afastou as mazelas do voto censitário ou a posição de cidadã passiva ostentada pela mulher, que não possuía os mesmos direitos assegurados ao homem.[12]

---

[11] Cf. VIEIRA DE ANDRADE. *Os direitos fundamentais na Constituição Portuguesa de 1976*. 3. ed. Coimbra: Almedina, 2006, p. 159-170. A bilateralidade das relações estabelecidas pelo indivíduo, do que decorre a fruição de direitos e a assunção de obrigações, tem sido lembrada em múltiplas convenções internacionais, como é o caso da Declaração Americana dos Direitos e Deveres do Homem, adotada em 30 de abril de 1948. Nesse particular, merece realce a Carta Africana dos Direitos e do Bem-Estar da Criança, cujo art. 31 contempla uma série de responsabilidades da criança, o que não costuma ser usual face às suas reconhecidas limitações de ordem psíquico-biológica. Dentre os deveres, que variam consoante a idade e a habilidade da criança, podem ser mencionados o dever de trabalhar para a coesão da família, de respeitar os pais, de servir à sociedade internacional, de preservar e fortalecer a independência e a integridade do seu país.

[12] Em 1791, Olympe de Gouges, que logo depois foi condenada à morte na guilhotina, apresentou um projeto de Declaração dos Direitos da Mulher e da Cidadã, pleiteando que a DDHC fosse aplicada às mulheres.

2 A Declaração dos Direitos do Homem e do Cidadão e o seu alicerce jusnaturalístico

A DDHC sacramentou os direitos individuais característicos do liberalismo clássico, originado pelo pensamento político que principiou com a *Magna Charta* de 1215,[13] o mais célebre dos textos clássicos, estendeu-se às proclamações inglesas dos séculos XVII e XVIII (*Petition of Rights*, de 1628,[14] *Habeas Corpus Act*, de 1679,[15] *Bill of Rights and Claim of Rights*, de 1689, *Act of Settlement*, de 1700)[16] e sedimentou-se com a revolução americana (Declaração de Indepen-

---

[13] A *Magna Charta* sedimentou dois princípios essenciais ao direito anglo-saxônico: a representação é uma condição da taxação e a lei é a mesma para todos os homens livres. O primeiro deles, aliás, precipitou a independência das colônias norte-americanas.

[14] O *Petition of Rights* de 1628, editado sob a inspiração de Sir Edward Coke, da Câmara dos Comuns, dispôs que "o homem livre somente pode ser preso ou detido pela lei da terra, ou pelo devido processo legal, e não pela ordem especial do Rei sem qualquer acusação".

[15] O *Habeas Corpus Act* de 1679 restringiu a utilização desse relevante instrumento àqueles que tinham sua liberdade de locomoção cerceada sob a acusação da prática de crime. Posteriormente, o *Habeas Corpus Act* de 1816 conferiu ao instituto o contorno atual, admitindo a sua utilização em qualquer caso de restrição à liberdade de locomoção, ainda que o cerceamento não estivesse relacionado à imputação de um crime.

[16] A peculiaridade das declarações inglesas reside no seu epicentro estrutural: são finalisticamente voltadas ao estabelecimento de deveres para o Poder Público, não propriamente, salvo raras exceções, ao reconhecimento de direitos da pessoa frente ao Estado. Cf. JELLINECK, Georg. *La déclaration des droits de l'homme et du citoyen*. Tradução de G. Fardes. Paris: Albert Fontemaing Editeur, 1902, p. 45-59.

dência dos Estados da Nova Inglaterra e *Bill of Rights* da Virgínia, de 1776).[17, 18]

A DDHC, como deflui de sua própria estrutura semântica, não tem propriamente a pretensão de "constituir" um sistema jurídico-protetivo da esfera individual, obstando o avanço do absolutismo estatal. Busca, em verdade, explicitar as experiências colhidas num dado contexto sociopolítico, de modo a reconhecer a sua pré-existência e consequente incorporação à esfera individual, tornando-as passíveis, tão somente, de mera "declaração".[19]

A exemplo do *Bill of Rights* da Virgínia, que falava, logo em sua introdução, nos direitos pertencentes ao povo e à sua posteridade (*"which rights do pertain to them and their posterity"*), invocando, posteriormente, um estado de natureza e a posse de direitos inatos (*"that all men are by nature equally free and independent, and have certain inherent rights"*), técnica igualmente prestigiada pela Declaração de Independência, com a remissão às verdades evidentes do direito natural (*"self-evident truths"*) e a constatação de que todos os homens são criados de forma igual (*"all men are created equal"*), também a DDHC, em seu preâmbulo, declara, so-

---

[17] Merece ser lembrado o art. 1º da Convenção da Virgínia, de 12 de junho de 1776: *"all men are by nature equally free and independent and have certain inherent rights, of which, when they enter into a state of society, they cannot, by any compact, deprive or divest their posterity; namely, the enjoyment of life and liberty, with the means of acquiring and possessing property, and pursuing and obtaining happiness and safety"*.

[18] Cf. BADURA, Peter. *Staatsrecht, Systematische Erläuterung des Grundgesetzes*. 3. ed. München: Verlag C. H. Beck, 2003, p. 87.

[19] Cf. HAMON, Francis; TROPER, Michel; BURDEAU, Georges. *Manuel de droit constitutionnel*. Op. cit., p. 45.

lenemente, "os direitos naturais, inalienáveis e sagrados do homem".

A doutrina dos direitos naturais e inatos do homem consubstancia a reação do pensamento liberal à sedimentação do absolutismo monárquico. Nesse particular, merece realce a obra de John Locke,[20] que, apesar de elaborada *a posteriori*, pode ser considerada o alicerce teórico justificador da *Glorious Revolution* inglesa de 1688, que deu origem ao *Bill of Rights and Claim of Rights* de 1689. Segundo Locke,[21] o poder do monarca encontra o seu fundamento num contrato social, que limita o alcance do poder aos direitos que lhe foram transferidos pelos súditos. No estado de natureza (*state of nature*), o indivíduo possui determinados direitos considerados naturais (*property*), cujos elementos integrativos, por serem originários e inalienáveis, não poderiam ser transferidos ao soberano, o que acarretava a impossibilidade de serem subtraídos ao indivíduo. Em verdade, o indivíduo transferiria alguns direitos com o fim de melhor preservar os demais. Transgredidos os "termos" do contrato social, seria reconhecido o direito de resistência, pois ilegítimo o exercício do poder transferido ao soberano.

A doutrina de Locke, conquanto fundada em premissas jusnaturalistas,[22] já demonstrava a necessidade de se-

---

[20] LOCKE, John. *The second treatise of government*: essay concerning the true original, extent and end of civil government. 3. ed. Norwich: Basil Blackwell Oxford, 1976. Publicado inicialmente em 1690, como parte da obra *Two treatises of government*.

[21] LOCKE, John. *The second treatise of government*. Op. cit., p. 14 e ss.

[22] Apesar da pureza dos fins, sendo concebida como antagonismo ao poder estatal absoluto (*absoluter staatlicher Herrschaft*), observa Heiner Bielefeldt que essa teoria não logra demonstrar como seria possível conceber um direito (*Recht*) dissociado de uma relação jurídica (*Rech-*

rem assegurados determinados direitos fundamentais do homem e de serem impostos limites ao poder do Estado. A observância desses limites, inerentes à própria estruturação do Estado, já havia sido reconhecida, inclusive, por Bodin, e em nada se confundiria com a existência de uma instância superior de controle.[23]

As construções teóricas que sustentavam a existência de direitos inerentes ao homem buscavam, em última *ratio*, enfatizar a sua natureza superior: esses direitos não seriam conferidos pela sociedade ou pelo Estado, defluindo, tão somente, da humanidade.[24] O título da Declaração Universal dos Direitos do Homem e do Cidadão é especial-

---

tsbeziehung) – *Philosophie der Menschenrechte, Grundlagen eines weltweiten Freiheitsethos*. Frankfurt: Primus Verlag, 1998, p. 162.

[23] Bodin, que defendera a existência de um único poder supremo, cunhando o conceito de soberania, ressaltara a existência desses limites, excluindo a possibilidade de o órgão poder suprimir ou desvirtuar as normas fundamentais à organização do Estado e à fundação do Reino, por já estarem incorporadas à Coroa (BODIN, Jean. *Los seis libros de la república*. 3. ed. Madrid: Tecnos, 1997, l. I, p. 56), o mesmo ocorrendo em relação às leis naturais e divinas (*Los seis libros de la república*. Op. cit., p. 53).

[24] Cf. JAYAWICKRAMA, Nihal. *The judicial application of human rights law*: national, regional and international jurisprudence. Cambridge: Cambridge University Press, 2002, p. 256; MANILI, Pablo Luis. *El bloque de constitucionalidad*: la recepción del derecho internacional de los derechos humanos en el derecho constitucional argentino. Buenos Aires: La Ley, 2003, p. 14; e GROETHUYSEN, Bernard. *Filosofía de la Revolución Francesa*. Tradução de Carlota Valée. México: Fondo de Cultura Económica, 1988, p. 193. Jacques Maritain é contundente ao afirmar que "o fundamento filosófico dos direitos do homem é a lei natural" (MARITAIN, Jacques. *L'homme et l'état*. Paris: Presses Universitaires de France, 1953, p. 73). Günter Dürig, do mesmo modo, ao analisar a dignidade humana (*Menschenwürde*), afirma que "cada homem é homem por força do seu espírito, extraído da natureza impessoal" (DÜRIG,

mente sugestivo por abrir duas perspectivas ao indivíduo: 1) enquanto *homem*, sendo titular de direitos inatos; e 2) enquanto *cidadão*, sendo titular de direitos de participação sociopolítica.[25] A primeira perspectiva antecede o Estado, a segundo o pressupõe.

Jusnaturalismo racionalista e contratualismo refletem os dois pilares básicos sobre os quais se assenta, no século XVIII, a sedimentação dos direitos humanos.[26] Sob a égide do pensamento revolucionário francês, manifestam-se no ideário *"liberté, egalité et fraternité"*.

O fato de a DDHC expressar as emanações evidentes do direito natural, prescindindo de maiores esclarecimentos face ao seu reconhecimento generalizado, permite, de acordo com Frankenberg, seja ela vista como um exemplo de "Constituição como manifesto".[27] A genealogia do manifesto, de acordo com o autor, identifica a Constituição como um ato político-normativo que formaliza as experiências políticas e as ideias políticas de um dado contexto histórico. Não constitui, apenas declara o que já estava fora de disputa ou dúvida. Caracteriza-se, além disso, pelo apelo cognitivo ao que deve ser declarado, ao número limitado de temas abordados e pela previsão de obrigações jurídicas eventualmente destituídas de coercibilidade. A

Günter. *Grundgesetz Kommentar*. 2. ed. München; Berlin: C.H. Beck'sche Verlagsbuchhandlung, 1966, p. 11, v. I).

[25] Cf. DUGUIT, Léon. *Manuel de droit constitutionnel*. 2. ed. Paris: Fontemoing & Cie Éditeurs, 1911, p. 208.

[26] Cf. CASTRO GIL, Benito. *Introducción al estudio de los derechos humanos*. Madrid: Universitas, 2003, p. 35.

[27] FRANKENBERG, Günter. *A gramática da constituição e do direito*. Tradução de Elisete Antoniuk. Belo Horizonte: Del Rey, 2007, p. 82-87.

coercibilidade, no entanto, pode ser adquirida, por exemplo, com a sua incorporação a uma "Constituição como lei", tal qual ocorreu com o preâmbulo da Constituição Francesa de 1946, recepcionado pela Constituição de 1958, que reconheceu a imperatividade da DDHC.[28] Nos Estados modernos, a "Constituição como manifesto" costuma coexistir com a "Constituição como lei", integrando o seu preâmbulo.

3 A Nação como epicentro do poder

O exercício do poder, na medida em que sujeito aos limites impostos pela ordem jurídica, não seria propriamente uma manifestação da soberania, por essência ilimitada. Daí a necessária distinção, desenvolvida por Sieyès, entre poderes constituídos e poder constituinte, este sim ilimitado e legitimamente atribuído ao povo. Essa construção em muito contribuiu para sacramentar a tese de que a soberania deveria ser transferida do monarca para o povo.[29] Com isto, a soberania do Estado encontraria ressonância no exercício do poder constituinte, que delimitaria o exercício do poder e somente deveria ajustar-se às circunstâncias fáticas e políticas contemporâneas ao seu exercício.[30]

Incursionando na origem do poder estatal, a DDHC, em seu art. 3º, consagra "o princípio de que toda soberania reside essencialmente na Nação. Nenhum órgão e ne-

---

[28] Igual técnica já havia sido adotada pela Constituição Revolucionária de 1791.
[29] Cf. LEGOHÉREL, Henri. *Histoire du droit international public*. Paris: Presses Universitaires de France, 1996, p. 48-49.
[30] Cf. ZIPPELIUS, Reinhold. *Teoria geral do Estado*. 3. ed. Lisboa: Fundação Calouste Gulbenkian, 1997, p. 79-80.

nhum indivíduo podem exercer uma autoridade que dela não emane expressamente". Esse preceito, como se percebe, retirou a soberania do rei e a concentrou na nação.[31] Se somente a nação é soberana, os indivíduos apenas podem exercer uma autoridade, não a soberania.

A ideia de "soberania nacional", aliás, mereceu contemplação expressa no art. 3º da Constituição Francesa de 1958, repetindo prescrição do art. 3º da Constituição de 1946. Com isto, assumiu-se posição quanto à controvérsia

---

[31] Apesar de notórias as divergências doutrinárias em torno do conceito de nação, o objeto principal de análise e os limites dessas despretensiosas linhas desaconselham uma incursão mais profunda em temática tão palpitante. De qualquer modo, à guisa de mera ilustração, faremos breve referência às teorias de Jacques Maritain e de Gerhardt Leibholz. A partir da distinção entre comunidade e sociedade, realidades ético-sociais e não apenas biológicas, Maritain alcança o conceito de nação (MARITAIN, Jacques. *L'homme et l'état*. Op. cit., p. 2-5). Considerando que a comunidade é obra da natureza, estando mais estreitamente ligada à ordem biológica, e a sociedade é obra da razão, estando mais próxima de atividades intelectuais e espirituais do homem, do que é exemplo o Estado, conclui que a nação é uma comunidade, a mais importante e complexa. Leibholz, por sua vez, afirma que o povo, em oposição à nação, é, em realidade, algo que existe por natureza (LEIBHOLZ, Gerhardt. *Conceptos fundamentales de la política y de teoría de la constitución*. Madrid: Instituto de Estudios Políticos, 1964, p. 205-206 e 213-215). Um povo se converte em nação quando dá conta do seu próprio valor político e cultural, reconhecendo sua existência como uma totalidade independente e concreta. A nação, no entanto, se origina historicamente. Na percepção de Discareli, citado por Leibholz, a nação é *"a work of art and time"*. A análise dessas teorias demonstra que ambas aderem a uma concepção historicista, o que, em certa medida, também aponta para uma situação de livre desenvolvimento das forças da natureza, independentemente de uma ordenação normativa. Leibholz, no entanto, agrega a exigência de um autorreconhecimento, pois não faria sentido cognominar-se uma coletividade de nação sem que ela própria reconhecesse em si o *animus* de agregação que o conceito traz consigo.

entre as teorias da "soberania nacional" e da "soberania popular". A primeira, apesar de situar a soberania na nação, tinha, em última *ratio*, o povo como o seu titular: a democracia era representativa da nação, somente materializando-se pela ação dos seus representantes. Para a teoria da "soberania popular", que se afastava do componente sociológico (a ideia de nação), o povo é soberano, podendo agir diretamente.[32]

A referência à soberania nacional bem demonstra a preocupação dos revolucionários com a legitimação do poder, que foi subtraído de referenciais puramente teológicos ou hereditários e concentrado na nação.

4 A consagração dos direitos de primeira geração ou dimensão

A DDHC, a partir de concepções jusnaturalísticas, reconhece a existência de direitos e liberdades individuais de natureza inata, decorrentes da só condição humana. São verdadeiros direitos de defesa, que impõem limites à atuação estatal e consubstanciam a primeira das dimensões ou gerações de direitos fundamentais, as quais, não obstante sucessivas entre si, não excluem as anteriores, coexistindo harmonicamente. Em verdade, os "direitos novos se cobrem do prestígio dos antigos".[33]

A segunda geração corresponde aos direitos sociais, econômicos e culturais, que normalmente exigem um *fa-*

---

[32] Cf. LUCHAIRE, François. La souveraineté. *Revue Française de Droit Constitutionnel*, nº 43, p. 451 (452), 2000.

[33] Cf. HAMON, Francis; TROPER, Michel; BURDEAU, Georges. *Manuel de droit constitutionnel*. Op. cit., p. 45.

cere do Estado, vale dizer, uma ação positiva com o fim de propiciar melhores condições de vida (*lato sensu*) à pessoa humana e diminuir as desigualdades sociais. Como marcos fundamentais dessa geração, podem ser mencionadas as Constituições do México de 1917 e a alemã de Weimar, esta de 1919. Segundo o art. XXII da Declaração Universal dos Direitos do Homem de 1948, "toda pessoa, como membro da sociedade, tem direito à segurança social e à realização, pelo esforço nacional, pela cooperação internacional e de acordo com a organização e recursos de cada Estado, dos direitos econômicos, sociais e culturais indispensáveis à sua dignidade e ao livre desenvolvimento de sua personalidade".

A terceira geração alcança os direitos difusos, que rompem a individualidade do ser humano para abarcar grande parcela do grupamento ou a própria espécie, do que é exemplo o meio ambiente. Em síntese: são direitos despersonalizados, pertencentes a todos e, simultaneamente, a ninguém em especial.

Não obstante a feição individualista, a DDHC delineou o alicerce estrutural dos direitos da pessoa humana. Apregoou o Estado das leis, a igualdade entre as classes e a liberdade dos homens, conferindo especial realce ao direito de propriedade e à resistência à opressão. Sedimentou a concepção de que o homem possui um círculo básico de direitos, terminando por assinalar uma nova funcionalidade para o Estado: protegê-lo. O art. 2º da DDHC é absolutamente claro quanto a esse aspecto: "a finalidade de toda associação política é a preservação dos direitos naturais e imprescritíveis do homem". Não bastasse isto, ainda se dispôs sobre o instrumental necessário ao exercício dessa tarefa: "a garantia dos direitos do homem e do cidadão necessita de uma força pública; essa força é, portanto, instituída para benefício de todos, e não para utilidade particular daqueles a quem é confiada" (art. 12 da DDHC). Definiu-se a finalidade a ser alcançada pela força pública e vedou-se o desvio dessa finalidade.

Somente com o reconhecimento da necessidade de proteção do homem foi possível o desenvolvimento da ideia de amparo, inerente aos direitos de segunda geração, e, num plano mais avançado, o delineamento da solidariedade como fator imprescindível à preservação da espécie humana.

5 A reverência à democracia e ao princípio da legalidade

A lei, em seus contornos mais basilares, além de instrumento de organização do poder e da sociedade, é um mecanismo de garantia da liberdade. Essa máxima, de contornos simples e que se aproxima da obviedade, é fruto de uma lenta e complexa evolução das estruturas estatais. Somente com a observância, pelos detentores do poder, de um quadro normativo geral e abstrato, disposto de forma prévia e funcionalmente voltado à conformação da atividade estatal, tem-se a submissão do Estado ao Direito, daí surgindo o que os germânicos denominaram de Estado de Direito (*Rechtsstaat*).[34] Afinal, se é evidente que o Estado está funcionalmente comprometido com a realização do

---

[34] Cf. WINKLER, Günther. *Die Prüfung von Veordnungen und Gesetzen durch den Verfassungsgerichtshof von Amts wegen*. Wien: Springer-Verlag, 2006, p. 169. Na síntese do autor: "o Estado moderno é um Estado de leis" (*"Die moderne Staat ist ein Gesetzstaat"*). Op. cit., p. 166.

bem comum, e isto remonta à filosofia de Aristóteles, não menos marcante é que, como sugere o sugestivo título da monografia de Paul Kirchhof,[35] ele frequentemente se apresenta como "garantidor e inimigo da liberdade", daí a necessidade de conter a sua expansão.

O Estado de Direito é o verdadeiro alicerce do positivismo jurídico, estando funcionalmente comprometido com a norma, fonte primária de sua existência e de todos os atos estatais. Ao referencial jurídico-formal, no entanto, deve ser acrescido o elemento aglutinador dos valores e das aspirações que emanam do grupamento, o que é reflexo da identificação do real detentor do poder: o povo. Com isto, agregam-se ao aspecto legal os valores que o antecedem e direcionam, ensejando o surgimento do Estado Democrático de Direito.

A DDHC, além de materializar as ideias advindas da Ilustração, reverenciou, de forma ampla e irrestrita, não só o princípio da legalidade, como, também, o princípio democrático. Legalidade e democracia mantêm entre si uma estrita correlação.[36] Reproduzindo literalmente as palavras de Rousseau, reconheceu que a lei é "expressão da vontade geral", acrescendo que ela é fruto do processo democrático, ao qual "todos os cidadãos têm o direito de concorrer", "pessoalmente" (democracia direta) ou "por meio de mandatários" (democracia representativa), para a sua formação (art. 6º).

---

[35] KIRCHHOF, Paul. *Der Staat als Garant und Gegner der Freiheit*: von Privileg und Überfluss zu einer Kultur des Masses. München: Ferdinand Schöningh, 2004.

[36] Cf. WINKLER, Günther. *Die Prüfung von Veordnungen und Gesetzen durch den Verfassungsgerichtshof von Amts wegen*. Op. cit., p. 177.

O princípio democrático foi igualmente prestigiado na exigência de todos os cidadãos: 1) consentirem na instituição da contribuição pública e verificarem o seu emprego (art. 14 da DDHC); e de 2) concorrerem para a manutenção da força pública e para as despesas da administração de acordo com suas possibilidades (art. 13 da DDHC), o que também caracteriza uma clara manifestação do princípio da capacidade contributiva. Além de ter sua participação assegurada na definição da contribuição ao erário, "a sociedade tem o direito de pedir contas a todo agente público pela sua administração" (art. 15 da DDHC).

O princípio da legalidade foi objeto de abordagem nos planos geral e específico.

No plano geral, ao: 1) condicionar as restrições à esfera jurídica individual à edição de lei, com a ressalva de que tal somente seria admissível visando à proibição de ações nocivas à sociedade (art. 5º); e 2) dispor que os limites à liberdade, para a salvaguarda da liberdade alheia, deveriam ser dispostos em lei (art. 4º).

No plano das especificidades, foram expressamente contempladas: 1) a legalidade em matéria penal (art. 7º), incluindo a proporcionalidade da pena e a anterioridade da lei penal (art. 8º); 2) a punição, nos termos da lei, do rigor desnecessário na prisão de quem quer que seja (art. 9º); 3) a liberdade de opinião, incluindo a religiosa, que somente pode ser restringida quando perturbar a ordem pública definida em lei (art. 10); e 4) a livre comunicação das ideias e opiniões, respondendo o autor, nos termos da lei, pelos abusos que cometer (art. 11).

6 O direito à igualdade

No pensamento cristão, o fato de todos os homens serem filhos de Deus, tendo a sua imagem e semelhança, serve de alicerce à universalidade dos direitos humanos e justifica a igualdade entre todos aqueles que aceitem a fé cristã. Como afirmou o Apóstolo Paulo, "não há judeu nem grego, não há servo nem livre; não há macho nem fêmea; porque todos vós sois um em Cristo Jesus" (Gálatas, 3:28). Pufendorf (1632-1694),[37] por sua vez, invocando aspectos inatos da espécie humana, também defendeu a igualdade dos homens na natureza.

Como é intuitivo, a existência de referenciais de análise que possuam a mesma essência é requisito indispensável a qualquer estudo relacionado à igualdade de direitos e deveres. A partir daí, parte-se para uma aferição comparativa, permitindo seja identificado em que medida as semelhanças se manifestam e quais os bônus ou ônus delas decorrentes. Para tanto, é necessário isolar as características relevantes, decisivas e umbilicalmente conectadas a uma dada consequência jurídica, o que pressupõe a correta identificação dos objetivos da norma, e proceder à comparação: o equívoco na individualização dessas características ou a incorreta associação entre característica e consequência jurídica, conferindo demasiada importância a um aspecto destituído de toda e qualquer importância, certamente conduzirão a uma manifesta injustiça. Identificada a não uniformidade das características relevantes, será evidente a correção do tratamento diferenciado. Não obstante a simplicidade dessa conclusão, não raro ainda serão necessários juízos valo-

---

[37] PUFENDORF, Samuel. *Of the law of nature and nations*. 2. ed. Oxford: L. Litchfield, 1710, p. 174 e ss.

rativos extremamente delicados em relação à justa medida desse tratamento diferenciado, o que exigirá o emprego de um critério de proporcionalidade.

A concepção de humanidade, referencial de coesão e unidade, traz consigo a constatação de que todos os indivíduos nela inseridos possuem a mesma essência, sendo iguais por natureza. A igualdade, no entanto, não se exaure na humanidade, sendo factível que os seres humanos apresentem especificidades que, em certas circunstâncias, justifiquem um tratamento diferenciado. Pode, assim, tanto se manifestar em círculos concêntricos, sendo o mais amplo deles delineado a partir da humanidade e os menores derivando uns dos outros (*v.g.*: todos os seres humanos podem vir a ser cidadãos de um Estado, os cidadãos podem ter acesso ao funcionalismo público, os funcionários públicos que exerçam a mesma função não poderão sofrer tratamento diferenciado etc.), como em círculos secantes, onde ao menos a humanidade será um elemento comum às relações de igualdade que podem ser estabelecidas.

Coerente com o pensamento revolucionário francês, que, insurgindo-se contra a hegemonia do clero e da nobreza, buscava reconhecer ao terceiro estado (*rectius*: o povo) o direito de participação política e a possibilidade de, exercendo o poder constituinte, rever as bases do *Ancien Régime*, célebre construção de Sieyès, assim dispôs o art. 1º da DDHC: "Os homens nascem e são livres e iguais em direitos. As distinções sociais só podem ter como fundamento a utilidade comum." A igualdade, a exemplo da liberdade, era vista como um direito inato e as distinções sociais, longe de estarem funcionalmente voltadas ao benefício de classes ou pessoas específicas, deveriam estar comprometidas com o bem comum.

Além da regra geral de igualdade, o art. 6º da DDHC, de modo mais específico, dispunha que a lei "deve ser a mesma para todos, seja para proteger, seja para punir. Todos os cidadãos são iguais a seus olhos e igualmente admissíveis a todas as dignidades, lugares e empregos públicos, segundo a sua capacidade e sem outra distinção que não seja a das suas virtudes e dos seus talentos". Consagrava-se, assim, a igualdade, que se manifestava tanto perante a lei, como no acesso à função pública.

Característica do liberalismo clássico, a igualdade perante a lei, se, por um lado, era louvável sob a ótica do direito sancionador, por outro se superpunha ao referencial de igualdade formal. Em outras palavras, assegurava a igualdade de tratamento ainda que, de fato, terminasse por perpetuar a desigualdade. Na conhecida crítica de Anatole France, "a lei proíbe tanto o rico, como o pobre, de viver debaixo das pontes, de pedir nas ruas e de roubar". As denominadas ações afirmativas, tão em voga na atualidade, ainda não frequentavam o pensamento jurídico-filosófico. A 14ª Emenda à Constituição norte-americana, de forma mais precisa, reconheceu a igualdade na lei, dispondo que as leis, sob circunstâncias parecidas, devem operar igualmente em todas as pessoas. Modificadas as circunstâncias, modifica-se o padrão de igualdade.

Não bastasse isto, o voto censitário era largamente reconhecido e praticado, isto sem olvidar a posição de inferioridade da mulher, que não fora alçada ao mesmo patamar do homem.

7 As liberdades fundamentais

Em consonância com o art. 2º da DDHC, os direitos do homem são "a liberdade, a propriedade, a segurança e a resistência à opressão".

A liberdade, em seus termos gerais, consiste no poder de fazer tudo aquilo que não prejudique a outrem (art. 4º da DDHC), competindo à lei precisar os atos lesivos à comunidade (art. 5º da DDHC). Ao aplicar o princípio geral, a DDHC proclama a liberdade física, proibindo as prisões e detenções arbitrárias, e as liberdades de pensamento e de expressão.

As liberdades de pensamento e de expressão apresentam entre si uma relação de antecedente e consequente. A liberdade de expressão consiste na faculdade reconhecida a qualquer pessoa de expressar, por qualquer forma ou meio,[38] sem censura prévia, os universos cognitivo, valo-

---

[38] No direito norte-americano, as formas não verbais de expressão (*symbolic speech*), que refletem a prática de atos ou condutas para a comunicação de ideias, estarão protegidas pela Primeira Emenda, conforme: 1) seja identificado que o caráter comunicativo supera os aspectos materiais da conduta; e 2) a partir de um *balancing test*, não se constate a preeminência de um interesse substancial do governo (*government's substancial interest*). O Supremo Tribunal norte-americano, no Caso Tinker *vs.* Des Moines School Dist., reconheceu o direito de três estudantes de escola pública de usarem faixas pretas nos braços em protesto à política do Governo na Guerra do Vietnã (393 U.S. 503, 1969). Em United States *vs.* Eichman, o Tribunal, entendendo tratar-se de manifestação da liberdade de expressão, declarou a inconstitucionalidade do *Flag Protection Act* de 1989, que criminalizara o ato de queimar a bandeira norte--americana durante um protesto político (496 *U.S.* 310, 1990). Idêntico entendimento já havia sido adotado em Texas *vs.* Johnson (491 U.S. 397, 1989). Em United States *vs.* O'Brien, no entanto, o Tribunal entendeu que a Primeira Emenda não protegia o ato de queimar o *draft card*

rativo, simbólico e moral formados no interior do seu ser: trata-se de um aspecto essencial da liberdade política e espiritual.[39] O pensamento, que reflete crenças, conhecimentos ou sentimentos, rompe a esfera psíquica da pessoa e, a partir de uma via instrumental (palavras, escritos etc.), alcança a realidade.[40] A liberdade de expressão pode ser considerada ínsita à ordem objetiva democrática,[41] assegurando o direito de participação na vida da coletividade. Com isto, estabelece um comando de competência negativa para os poderes constituídos, interditando um *facere* estatal.[42] Como consectário da liberdade de expressão ou de opinião, ao Estado também é vedado estabelecer posições jurídicas

---

(cartão de convocação para o serviço militar, com informações relativas ao local de apresentação e às obrigações do convocado), ainda que o objetivo do autor fosse estimular os demais a encampar suas crenças antibeligerantes, isto em razão da presença de um interesse substancial do governo (391 U.S. 367, 1968).

[39] Cf. HESSE, Konrad. *Elementos de direito constitucional da República Federal da Alemanha*. Tradução de Luís Afonso Heck. Porto Alegre: Sérgio Antonio Fabris Editor, 1998, p. 302. Para uma ampla análise das dimensões teórica e substantiva da liberdade de expressão, vide MACHADO, Jónathas E. M. *Liberdade de expressão*: dimensões constitucionais da esfera pública no sistema social. Coimbra: Coimbra, 2002, p. 119 e ss.

[40] Cf. NOGUEIRA ALCALÀ, Humberto. Pautas para superar las tensiones entre los derechos a la libertad de opinión e información y los derechos a la honra y la vida privada. *Revista Derecho*, Valdívia, dic. 2004, v. 17, p. 139 (143).

[41] Cf. HESSE, Konrad. *Elementos de direito constitucional da República Federal da Alemanha*. Op. cit., p. 302-303.

[42] Declaração Universal dos Direitos do Homem e do Cidadão de 1789, art. 10: "ninguém deve ser perturbado por suas opiniões".

favoráveis ou desfavoráveis ao indivíduo unicamente em virtude de suas opiniões.[43]

A DDHC é expressa ao dispor que "ninguém pode ser molestado por suas opiniões, incluindo opiniões religiosas, desde que sua manifestação não perturbe a ordem pública estabelecida pela lei" (art. 10). A possibilidade de restrição, por sua vez, é absolutamente pertinente, já que um direito não pode ser exercido de modo a comprometer a coesão social. Além de assegurar a liberdade de opinião, a DDHC garantiu a sua livre circulação: "A livre comunicação das ideias e das opiniões é um dos mais preciosos direitos do homem; todo cidadão pode, portanto, falar, escrever e imprimir livremente, respondendo, todavia, pelos abusos dessa liberdade nos termos previstos na lei." (art. 11).

O direito de propriedade, que não deixa de ser uma forma de manifestação da liberdade, é considerado "um direito inviolável e sagrado" (art. 17 da DDHC), fórmula plenamente justificável na medida em que os autores da Declaração são os burgueses e os proprietários, o que aponta para uma concepção filosófica nitidamente anticomunista.[44] Quaisquer restrições à propriedade em prol do interesse coletivo devem ser promovidas de modo a diluir o ônus daí decorrente, não sobrecarregando o indivíduo. Daí se prever que ninguém pode ser privado da propriedade "a não ser quando a necessidade pública legalmente comprovada o exigir e sob condição de justa e prévia indenização"

---

[43] Cf. RIVERO, Jean Rivero; MOUTOUH, Hugues. *Liberdades públicas*. Tradução de Maria Ermantina de Almeida Prado Galvão. São Paulo: Martins Fontes, 2006, p. 505-506.

[44] Cf. DUVERGER. *Manuel de droit constitutionnel et de science politique*. Op. cit., p. 223.

(art. 17 da DDHC). São esses os princípios básicos do instituto da desapropriação.

O direito à segurança está nitidamente imbricado com a propriedade e a liberdade, podendo ser visto como o embrião da moderna segurança pública. Na observação de Duguit, não seria propriamente um direito específico, mas, sim, a liberdade e a propriedade socialmente reconhecidas e garantidas.[45] Essa instrumentalidade do direito à segurança é bem percebida a partir do conceito estabelecido pela Declaração de Direitos anexa à Constituição francesa de 1793 (art. 8º): "a segurança consiste na proteção concedida pela sociedade a cada um de seus membros para a conservação da sua pessoa, dos seus direitos e de sua propriedade".

Mecanismo extremo de defesa da ordem constitucional, o direito de resistência indica a possibilidade de cada indivíduo opor-se às iniciativas que não observem ou busquem eliminar os lineamentos essenciais dessa ordem. A "resistência à opressão" encontra suas origens remotas na antiguidade,[46] tendo sido grande a ascendência exercida pelo pensamento de Locke,[47] cientista político que identi-

---

[45] DUGUIT, Léon. *Manuel de droit constitutionnel*. Op. cit., p. 209.

[46] Segundo Duguit, o primeiro teólogo a defender o "tiranicídio" foi Jean de Salisbury (1.110-1.180), que via no príncipe a imagem da divindade e no tirano a imagem de Lúcifer, o que não só permitia como aconselhava o ato (DUGUIT, Léon. *Traité de droit constitutionnel*. 2. ed. Paris: Ancienne Librairie Fontemong & Cie., 1923, t. 3, p. 739).

[47] LOCKE, John. *The second treatise of government*. Op. cit., p. 100-105. O autor trata do tema no Capítulo XVIII (*Of Tyranny*), afirmando que mesmo o mais alto magistrado, que ultrapassa os limites de seus poderes, não age mais na qualidade de magistrado, mas de simples particular: é um particular que usurpa a autoridade pública (§ 206). Tal ocorrendo, será admissível a resistência pela força, da mesma maneira que se afasta

ficou os seus fundamentos no direito natural e influenciou a DDHC.

Na doutrina de Locke, a resistência não denotaria o mero descumprimento de um ato dissonante da ordem jurídica. Assumiria perspectivas mais amplas, exigindo a prática de atos que, de forma mediata ou imediata, afetassem a maioria do povo, justificando a sua mobilização e o correlato uso da força contra os detentores do poder. A resistência seria uma forma de insurreição.[48] Em termos

---

pela força um ato de violência emanado de um particular – mas o uso da força não será legítimo se o oprimido tiver um recurso legal. No entanto, ainda que não exista um meio legal que faça cessar a opressão, a Nação não deverá pegar em armas se poucos forem os oprimidos. Por outro lado, se o ilícito alcança a maioria do povo ou se, apesar de alcançar poucas pessoas, pode vir a ameaçar todos os cidadãos, gerando uma insegurança coletiva, a resistência será legítima (§ 209). Uma análise do direito de resistência no plano das distintas teorias que procuraram justificá-lo pode ser obtida em BURDEAU, Georges. Traité de science politique: le statut du pouvoir dans l'état. Paris: L.G.D.J., 1950, t. III, p. 445-492. Vide, ainda, BUZANELLO, José Carlos. Direito de resistência constitucional. 2. ed. Rio de Janeiro: Lumen Juris, 2006, p. 31-88.

[48] A Constituição francesa de 1793, segundo Esmein, levou o direito de resistência a consequências extremas (ESMEIN, Adhémar. Éléments de droit constitutionnel français et comparé. t. 2, p. 533-534). Além de afirmar que a *"résistance à l'oppression"* é a consequência dos outros direitos do homem (art. 33), acrescia que a opressão estaria configurada "quando um só de seus membros está oprimido" e que a insurreição é "para o povo e para cada porção do povo o mais sagrado e o mais indispensável dos direitos" (arts. 34 e 35). Face à amplitude dessas normas, sentenciou Esmein: *"il est difficile de concevoir une maxime plus dissolvante de la société politique"*. Também defendendo a necessidade de ser afastada a concepção estritamente individualista do direito de resistência, vide BURDEAU, Georges. Traité de science politique. Op. cit., p. 514-519. Duguit, em posição que nos parece mais acertada, sustenta que a estreita união entre os membros do corpo social faz que a injustiça sobre um projete efeitos sobre todos os demais, concluindo, ao final, pelo

gerais, compreende a resistência contra forças revolucionárias que pretendam apoderar-se do poder estatal ("golpe de Estado de baixo") e contra os próprios detentores desse poder ("golpe de Estado de cima"), sempre que pretendam exercê-lo com afronta a aspectos fundamentais da Constituição.[49]

Apesar de expressamente consagrado em algumas constituições modernas, não nos parece seja a previsão normativa uma *condictio sine qua non* ao seu exercício. Em verdade, a previsão expressa pode atuar como elemento pedagógico ou limitador. Assumirá um cunho pedagógico, de moralidade política, ao incentivar os cidadãos a se rebelar contra a opressão.[50] Sob outra ótica, desempenhará um papel limitador ao impedir seja a resistência exercida em situações não contempladas no texto constitucional. De acordo com a *Grundgesetz*,[51] a resistência somente seria possível

---

acerto da referida norma (DUGUIT, Léon. *Traité de droit constitutionnel*. 2. ed. Paris: Ancienne Librairie Fontemong & Cie., 1923, t. 3, p. 736-737). Observa, no entanto, que, ironicamente, a resistência à opressão foi proclamada por uma Assembleia que, durante dois anos, mergulhou a França na mais sangrenta das tiranias (p. 739), prova eloquente da distância abissal entre a plasticidade textual e a efetividade das normas dela emanadas.

[49] Cf. HESSE, Konrad. *Elementos de direito constitucional da República Federal da Alemanha*. Op. cit., p. 548.

[50] Cf. MORTATI, Costantino. *Istituzioni di diritto pubblico*. 9. ed. Padova: CEDAM, 1976, t. II, p. 1.246.

[51] O art. 20 da *Grundgesetz*, após estabelecer os lineamentos básicos do Estado alemão (Estado federal, democrático e social; origem do poder no povo; exercício do poder mediante sufrágio e pelos poderes constituídos; e submissão do poder legislativo à ordem constitucional e dos poderes executivo e judiciário à lei e ao direito), dispõe em seu quarto parágrafo que "assiste a todos os alemães, contra qualquer um que tente

contra a eliminação daquelas partes integrantes da "ordem fundamental liberal democrática", não contra qualquer inconstitucionalidade.[52] A Constituição portuguesa,[53] por sua vez, limita a resistência às hipóteses de ofensa ou agressão aos direitos, liberdades e garantias, devendo ser necessariamente exercida pelos titulares, pessoas singulares ou coletivas, não havendo possibilidade de "direito de resistência para defesa de direitos alheios".[54] Em qualquer caso, o direito de resistência é essencialmente um direito fundamental.[55]

8 As liberdades fundamentais como direitos não absolutos

A afirmação de que os direitos fundamentais não têm caráter absoluto, longe de difundir a sua relatividade, busca, tão somente, alertar para a necessidade de concordância prática com outros direitos de igual estatura, o que pode

---

derrubar essa ordem, o direito de resistência quando não for possível outro recurso".

[52] Cf. HESSE, Konrad. *Elementos de direito constitucional da República Federal da Alemanha*. Op. cit., p. 548.

[53] A Constituição portuguesa de 1976 (art. 21) delineia os bens jurídicos passíveis de serem atingidos (direitos, liberdades e garantias) e consagra o direito de resistir a qualquer ordem que os ofenda e de repelir pela força qualquer agressão, "quando não seja possível recorrer à autoridade pública".

[54] Cf. MIRANDA, Jorge; MEDEIROS, Rui. *Constituição portuguesa anotada*. Coimbra: Coimbra, 2005, t. I, p. 206.

[55] Cf. SCHMITT, Carl. *Teoría de la constitución*. Tradução de Francisco Ayala. Madrid: Alianza Universidad Textos, 2003, p. 169.

justificar a imposição de eventuais restrições.⁵⁶ Presente a colisão entre direitos potencialmente incidentes em dada situação, será inevitável que o direito prevalecente, consoante as circunstâncias fáticas e jurídicas subjacentes ao caso, acarrete a limitação de alguns direitos concorrentes. Não raro, é verificada a consagração formal de direitos que se mostram naturalmente colidentes.

Alexy, de modo mais amplo, afasta a própria existência, no plano constitucional, de direitos que nunca podem ser afastados ("direitos absolutos genuínos" – *genuin absolute Rechte*): o alcance da proteção absoluta (*absoluten Schutzes*) de um direito sempre dependerá das relações entre os princípios incidentes no caso, o que inevitavelmente conduzirá a um juízo de ponderação.⁵⁷

A necessidade de coexistência entre os direitos fundamentais, com o correlato reconhecimento de limites ao seu exercício, foi expressamente realçada pelo art. 4º da DDHC: "o exercício dos direitos naturais de cada homem não tem limites, senão aqueles que assegurem aos demais membros da sociedade o gozo desses mesmos direitos. Esses limites não podem ser determinados senão pela lei". Apesar de si-

---

[56] O Supremo Tribunal Federal já afirmou que "não há, no sistema constitucional brasileiro, direitos ou garantias que se revistam de caráter absoluto, mesmo porque razões de relevante interesse público ou exigências derivadas do princípio de convivência das liberdades legitimam, ainda que excepcionalmente, a adoção, por parte dos órgãos estatais, de medidas restritivas das prerrogativas individuais ou coletivas, desde que respeitados os termos estabelecidos pela própria Constituição" (Pleno, MS nº 23.452-1/RJ, Rel. Min. Celso de Mello, j. em 16-9-1999, *DJ* de 12-5-2000).

[57] ALEXY, Robert. *Theorie der Grundrechte*. Baden-Baden: Suhrkamp Taschenbuch Verlag, 1994, p. 272.

tuar o fundamento de proteção desses direitos no plano do direito natural, a Declaração admite, por razões de coerência lógica e estrita racionalidade, sejam estabelecidos limites no plano do direito positivo.

Além dos limites estabelecidos por imperativo legal, pode-se afirmar que a potencial colisão entre direitos atua como "restrição imanente", autorizando a intervenção na esfera de um direito não alcançado pelo limitador legal, de modo a possibilitar a sua "concordância prática".[58] Os direitos fundamentais, por não estarem isolados no ordenamento jurídico, exercem uma influência recíproca na delimitação do conteúdo e do alcance do seu potencial normativo, não sendo exagero afirmar que a fixação de limites pode ser mesmo concebida como um pressuposto de sua proteção. É o que se pode denominar de "máxima da cedência recíproca".[59]

A fixação de limites, ademais, não bastasse ser necessária à compatibilização dos direitos considerados em sua individualidade, é igualmente relevante à sua contextualização no âmbito coletivo, permitindo sejam prestigiados os interesses do Estado e da sociedade. Na síntese de Esmein, são dois os limites necessários: "o respeito a igual direito de outrem e a manutenção da ordem pública".[60] Nesse

---

[58] Cf. MENDES, Gilmar Ferreira. *Direitos fundamentais e controle de constitucionalidade*. 3. ed. São Paulo: Saraiva, 2006, p. 81.

[59] TAVARES, André Ramos. *Curso de direito constitucional*. 3. ed. São Paulo: Saraiva, 2006, p. 444.

[60] ESMEIN, Adhémar. *Éléments de droit constitutionnel français et comparé*. 7. ed. Paris: Recueil Sirey, 1921, t. I, p. 562. No mesmo sentido: FAVOREU, Louis et al. *Droit constitutionnel*. 6. ed. Paris: Dalloz, 2003, p. 773-774; e FLEINER-GERSTER, Thomas. *Teoria geral do Estado*. Tradução de Marlene Holzhausen. São Paulo: Martins Fontes, 2006, p. 169.

sentido, dispõe o art. 5º da DDHC que "ninguém pode ser molestado por suas opiniões, incluindo opiniões religiosas, desde que sua manifestação não perturbe a ordem pública estabelecida pela lei".

Identifica-se uma espécie de "conflito permanente" entre o indivíduo e o Estado guardião da ordem pública, onde o primeiro tende a abusar dos direitos de que dispõe e o segundo, por seus agentes, tende a acreditar que sua missão é mais importante que os obstáculos que encontra.[61] Essa relação entre indivíduo e Estado pode ser vista como a "relação entre duas esferas em iteração",[62] com momentos de compressão e de expansão de cada uma delas.

A liberdade política e social, como é intuitivo, está associada a uma relação com outros indivíduos, sendo sempre comunitária: a liberdade, assim, é relativizada pelo ambiente comunitário, que pode ampliá-la ou restringi-la.[63] Note-se que a sua restrição em prol do interesse público não se mostra imune a críticas: os limites a serem observa-

---

A Constituição Portuguesa de 1933 (art. 8º, § 1º), além de reconhecer a existência de direitos, dispôs que os cidadãos deveriam "fazer uso deles sem ofensa dos direitos de terceiros, nem lesão dos interesses da sociedade ou dos princípios da moral". Cf. MIRANDA, Jorge. *Manual de direito constitucional*. Coimbra: Coimbra, 2000, t. IV, p. 129.

[61] Cf. MIRKINE-GUETZÉVITCH, Boris. *Les nouvelles tendances du droit constitutionnel*. Paris: Marcel Giard, 1931, p. 36.

[62] Cf. DIMOULIS, Dimitri; MARTINS, Leonardo. *Teoria geral dos direitos fundamentais*. São Paulo: Revista dos Tribunais, 2007, p. 64.

[63] A liberdade individual, em boa medida, é limitada pela liberdade da própria comunidade: "um povo que necessita lutar contra a fome é, tanto quanto o indivíduo, menos livre que os indivíduos de um Estado livre" (FLEINER-GERSTER, Thomas. *Teoria geral do Estado*. Op. cit., p. 169).

dos, necessariamente norteados por um critério de proporcionalidade, em muito realçam a importância da jurisdição constitucional, foro natural desse debate.

9 O princípio da separação dos poderes

Como se sabe, remontam à Antiguidade os primeiros estudos relacionados às diferentes funções do Estado, sendo paulatina a evolução da ciência política até se alcançar o estágio em que atualmente se encontra o princípio da separação dos poderes.[64] As teorias desenvolvidas por Locke e Montesquieu, cujo referencial de análise era o sistema inglês, tiveram decisiva influência no pensamento revolucionário franco-americano, merecendo algumas breves considerações.

Na história constitucional britânica, o princípio da separação dos poderes tem sua gênese na necessidade de limitação dos poderes reais, permitindo a contenção do arbítrio e o respeito às liberdades individuais.[65] A partir da conquista normanda em 1066, passando pela Magna Carta de 1215, até se alcançar a *Glorious Revolution* e o *Bill of Rights* de 1688, são visíveis as modificações ocorridas no painel político britânico e nas inter-relações entre governante e governados.

Em 1066, passa-se da aristocracia à monarquia absoluta, situação que perdurou até a morte de Guilherme, O Conquistador, marco da paulatina sedimentação do arbí-

---

[64] Cf. ZIPPELIUS, Reinhold. *Teoria geral do Estado*. Op. cit., p. 406 e ss.
[65] Cf. FAVOREU, Louis et al. *Droit constitutionnel*. Op. cit., p. 329-331.

trio real. Com a Magna Carta, imposta a João sem Terra[66] pelos barões, foram estabelecidos direitos e deveres recíprocos entre o rei e os vassalos (*rectius*: homens livres), sendo previsto um Grande Conselho, composto pelos barões mais importantes, ao qual caberia autorizar a cobrança de quaisquer tributos dos nobres ou do clero, bem como dirimir quaisquer litígios entre o Rei e seus vassalos. Se as funções do Grande Conselho não podiam ser consideradas propriamente legislativas, é claro o intuito de atenuar os poderes até então concentrados no Monarca. No século XV, já é divisada a presença de um Parlamento dotado de duas câmaras, uma representando a alta nobreza e outra a baixa nobreza e os comuns, bem como uma certa participação na função legislativa, em especial no poder de iniciativa.

Apesar disso, o poder real, no decorrer do século XVI, continua a ser praticamente absoluto, situação que se manteve incólume até a *Glorious Revolution* de 1688, ano em que foi igualmente elaborado um *Bill of Rights*, que, entre outras medidas, condicionava a aplicação das leis à sua aprovação pelo Parlamento – o que veio a se tornar um direito absoluto – e ampliava as liberdades individuais anteriormente contempladas na Magna Carta de 1215. Em 1701, o *Act of Settlement* atribuiu outras funções ao Parlamento (*v.g.*: consentimento à declaração de guerra) e, em especial, consagrou a independência dos juízes em relação ao rei.[67]

---

[66] Como se sabe, a Magna Carta, por refletir um vínculo pessoal do Rei, teve de ser ratificada pelos sucessores de João sem Terra, sendo descumprida ou restringida em inúmeras ocasiões.

[67] Com a edição do *Act of Settlement*, os juízes deixaram de ser demissíveis *ad libitum* do Rei, sendo-lhes assegurado o exercício das funções enquanto bem servissem (*"quamdiu se bene gesserint"*), fórmula que foi repetida pelo art. III, seção I, da Constituição Americana, onde a no-

Locke, ao desenvolver o alicerce teórico justificador da *Glorious Revolution*, além de invocar o contrato social e a limitação dos poderes do soberano, concebeu um mecanismo de contenção do poder. Na linha da teoria que seria posteriormente desenvolvida por Montesquieu, idealizou o embrião daquela que se tornaria a teoria da separação dos poderes. Concebeu o poder sob uma perspectiva eminentemente funcional, do que resultava a divisão em Legislativo, Executivo e Federativo,[68] cabendo ao último o papel de defesa do Estado e de regulação das relações mantidas com potências estrangeiras. O Legislativo, representado pelo Parlamento, seria competente para produzir as leis a serem seguidas pelo Executivo e, em especial, teria o dever de velar pelo respeito dos direitos e liberdades, o que era a tônica do liberalismo. Não obstante a divisão das funções, o órgão representativo do Estado (*v.g.*: o Rei) exerceria os Poderes Federativo e Executivo, este último englobando a execução administrativa e a judicial. O Rei ainda detinha a *prerrogativa real*, que consistia no "poder de atuar, discricionariamente, para o bem público sem prescrição legal, e, algumas vezes, mesmo contra ela",[69] o que derivaria da impossibilidade de a lei dispor sobre todas as situações da vida, da morosidade do Parlamento e da necessidade de assegurar a flexibilidade do Executivo, garantindo-lhe uma margem de liberdade.[70]

---

meação dos juízes produz efeitos *"during good behaviour"*. Cf. FAVOREU, Louis et al. *Droit constitutionnel*. Op. cit., p. 332.

[68] Cf. LOCKE, John. *The second treatise of government*. Op. cit., §§ 143-148.
[69] Cf. LOCKE, John. *The second treatise of government*. Op. cit., § 160.
[70] Cf. LOCKE, John. *The second treatise of government*. Op. cit., § 160.

Como se percebe, as quatro funções sistematizadas por Locke seriam distribuídas por dois órgãos (o Parlamento e o Monarca), não sendo visualizada uma absoluta necessidade de separação orgânica.

Apesar das linhas estruturais traçadas por Locke, a clássica tripartição do poder encontra em Montesquieu o seu alicerce fundamental, sendo reconhecida a sua subdivisão nos denominados Poderes Legislativo, Executivo e Judiciário.[71] Cada um desses poderes deveria exercer, primordialmente, funções similares aos designativos que ostentam, vale dizer, o Poder Legislativo, exercido por um Parlamento de composição bicameral (Corpo dos Nobres e Corpo dos Representantes do Povo), deveria elaborar as leis, alterá-las ou revogá-las; o Poder Executivo, além de declarar a guerra e a paz, estaria incumbido de exercer as relações internacionais e executar a "vontade geral" consubstanciada na lei; e o Poder Judiciário, que também detinha uma função executiva da lei, deveria julgar os criminosos e os litígios entre particulares. Com exceção do Judiciário, ao qual fora atribuído um papel invisível e neutro[72] – que bem se refletia na célebre frase de que o "juiz não é senão a boca que pronuncia as palavras da lei", "não podendo moderar-lhe a força nem o vigor"[73] –, era grande a inter-relação e a

---

[71] Cf. MONTESQUIEU. *De l'esprit des lois*. 1748, Livro XI, Capítulo VI. Como notam Favoreu et al. (FAVOREU, Louis et al. *Droit constitutionnel*. Op. cit., p. 332), é provável que a previsão de um Poder Judiciário na teoria de Montesquieu esteja diretamente relacionada ao *Act of Settlement*, que assegurou a independência dos juízes e foi editado cerca de dez anos depois da obra de Locke.

[72] Cf. MONTESQUIEU. *De l'esprit des lois*. Livro XI, Capítulo VI.

[73] Cf. MONTESQUIEU. *De l'esprit des lois*. Livro XI, Capítulo VI: "*Le juge n'est pas que la bouche qui pronounce les paroles de la loi*".

colaboração que deveriam existir entre o Executivo e o Legislativo.[74] Com isto, concebia-se um sistema de controle recíproco entre os poderes, bem traduzido na fórmula *"le pouvoir arrêtant le pouvoir"*.

Ante a neutralidade atribuída ao juiz, era inconcebível, para Montesquieu, o exercício de atividade outra que não a de mera subsunção, o que afastava o exercício de qualquer operação valorativa que terminasse por adequar a norma aos influxos sociais. O juiz deveria seguir a "letra da lei"[75] e os entendimentos do juiz deveriam ser fixos, de modo que nunca fossem mais do que um texto preciso da lei,[76] concepção que se mostrava necessária por ser o Poder Judiciário "um poder terrível entre os homens".[77] Somente o Legislativo, especificamente o Corpo dos Nobres, poderia valer-se da equidade ao apreciar as matérias jurisdicionais que lhe eram atribuídas (*v.g.*: julgar os aristocratas e as demais figuras preeminentes),[78] o que decorreria de sua participação na produção normativa, tendo autoridade para "moderar a lei em favor da lei, pronunciando-se menos ri-

---

[74] À guisa de ilustração, merecem referência os seguintes mecanismos de colaboração previstos no Capítulo VI do Livro XI da obra *De l'esprit des lois*: ao Legislativo caberia a faculdade de estatuir e de controlar a execução das leis, de julgar os crimes políticos praticados pelos membros do Executivo, de dispor sobre o orçamento e de criar novos impostos e de definir o contingente das "forças de terra e mar" a serem confiadas ao Executivo. O Executivo, por sua vez, dispunha da faculdade de veto sobre as deliberações do Legislativo e do poder de convocar e delimitar a duração das reuniões do Parlamento.
[75] Cf. MONTESQUIEU. *De l'esprit des lois*. Op. cit., Livro XI, Capítulo VI.
[76] Cf. MONTESQUIEU. *De l'esprit des lois*. Op. cit., Livro XI, Capítulo VI.
[77] Cf. MONTESQUIEU. *De l'esprit des lois*. Op. cit., Livro XI, Capítulo VI.
[78] Cf. MONTESQUIEU. *De l'esprit des lois*. Op. cit., Livro XI, Capítulo VI.

gorosamente que ela". Esse dualismo de jurisdição caracterizava o sistema constitucional inglês à época, sendo justificável por ser "necessário que os juízes sejam da condição social do acusado ou seus pares".[79]

A exemplo de Locke, também Montesquieu concebera a teoria da separação dos poderes como uma forma de preservação da liberdade contra o arbítrio. Mantendo-se adstritos à linha de evolução histórica do constitucionalismo britânico, conferiram especial ênfase à imperativa separação das funções legislativa e executiva, as quais, acaso concentradas no mesmo corpo, inevitavelmente conduziriam ao arbítrio e à violação da esfera de liberdade inata do cidadão. Montesquieu, no entanto, sustentava a impossibilidade de duas ou três funções serem exercidas pelo mesmo órgão, ressalva a que Locke, com exceção da dicotomia Legislativo-Executivo, parecia indiferente. Em relação ao Poder Judiciário, outra semelhança: tanto Locke como Montesquieu lhe dispensaram uma importância secundária. Locke sequer concebeu um poder autônomo, integrando a função de julgar num espectro mais amplo: o de executar a lei. Quanto a Montesquieu, apesar de prestigiar a existência de um poder autônomo encarregado da função jurisdicional, apressava-se em realçar a necessidade de o Poder Judiciário manter-se adstrito à "letra da lei".

A separação dos poderes era vista pelo pensamento revolucionário francês como um elemento indispensável à estruturação do Estado e à preservação da liberdade, daí a fórmula albergada no art. 16 da DDHC: "a sociedade em

---

[79] Cf. MONTESQUIEU. *De l'esprit des lois*. Op. cit., Livro XI, Capítulo VI.

que não esteja assegurada a garantia dos direitos nem estabelecida a separação dos poderes não tem Constituição".

10 A força normativa das Declarações de Direitos

É antiga a controvérsia quanto ao valor jurídico das Declarações de Direitos, mais especificamente em relação ao seu *status* de normas materialmente constitucionais, já que, normalmente, antecedem a Constituição formal, não estando integradas ao seu articulado. De forma simples e objetiva, podem ser relacionadas três vertentes argumentativas quanto à imperatividade das Declarações de Direitos: 1) não possuem nenhuma imperatividade, limitando-se à enunciação de uma filosofia ou de um programa político, sem qualquer correlação com a Constituição material; 2) possuem imperatividade e se encartam numa concepção estrita de Constituição material, que compreende o regramento relativo aos órgãos, às suas competências e aos seus procedimentos, mas não as regras que determinam a adoção de medidas com um conteúdo específico; e 3) possuem imperatividade, reconhecendo que determinados direitos são eficazes mesmo sem a intermediação dos poderes públicos, que tem a obrigação de observá-los, o que termina por incluí-los numa concepção mais ampla de Constituição material.[80]

A imperatividade das Declarações de Direitos está nitidamente associada ao reconhecimento de sua inserção no sistema jurídico, direcionando a edição de atos normativos

---

[80] Cf. HAMON, Francis; TROPER, Michel; BURDEAU, Georges. *Manuel de droit constitutionnel*. Op. cit., p. 46; e PRÉLOT, Marcel; BOULOIS, Jean. *Institutions politiques et droit constitutionnel*. 10. ed. Paris: Dalloz, 1987, p. 231-233.

ou de execução e, eventualmente, dando causa ao reconhecimento de sua invalidade no caso de dissonância. A compreensão dessa temática, como se percebe, está relacionada à concepção de Constituição material vigente em dado contexto sociocultural e aos efeitos jurídicos daí decorrentes.

No direito francês, por exemplo, a DDHC, como deflui do seu preâmbulo, tinha o indefectível propósito de direcionar o exercício das funções legislativa e executiva, *verbis*: "a fim de que os atos do Poder Legislativo e do Poder Executivo, podendo ser, a todo instante, comparados ao objetivo de qualquer instituição política, sejam por isso mais respeitados". Não é por outra razão que juristas como Hauriou viam nas Declarações de Direito meras declarações de princípio, o que exigia, para a determinação de um direito individual, a observância do seguinte *iter*: 1) a Declaração indicava a existência de um princípio de direito; e 2) a lei determinava os limites do direito.[81]

Sob a égide da III e da IV Repúblicas, somente acarretava a nulidade dos atos administrativos dela dissonantes, não das leis.[82] Sob a V República, por sua vez, mais especi-

---

[81] HAURIOU, Maurice. *Précis de droit constitutionnel*. Op. cit., p. 631.
[82] Em sentido contrário, defendia Duguit que a ausência de referência, pela Constituição Francesa de 1875, à DDHC, não afastava a conclusão de que toda lei dela dissonante seria inconstitucional (DUGUIT, Léon. *Manuel de droit constitutionnel*. Op. cit., p. 210).

ficamente após 1971,[83] também a violação por atos legislativos passou a ser coibida.[84]

11 A Declaração dos Direitos do Homem e do Cidadão como parte do bloco de constitucionalidade do direito francês

A temática relacionada ao denominado "bloco de constitucionalidade" mostra-se especialmente relevante no âmbito do controle de constitucionalidade, exigindo seja

---

[83] O valor jurídico do preâmbulo da Constituição de 1958, que faz remissão à DDHC, tem sido reconhecido pelo Conselho Constitucional francês desde a célebre decisão de 16 de julho de 1971 (Conseil constitutionnel. Decisão nº 44 DC, *Rec.* 29, *RJC* I-24). Comentando a decisão, anotam Favoreu e Philip (FAVOREU, Louis; PHILIP, Loïc. *Les grandes décisions du conseil constitutionnel.* 12. ed. Paris: Dalloz, 2003, p. 247-250) que o Conselho de Estado havia reconhecido o valor positivo e constitucional do preâmbulo sob a égide da Constituição de 1946 (*v.g.*: Arrêt Amicale des Annamites de Paris, de 11-7-1956), o que se manteve com a Constituição de 1958 (*v.g.*: Arrêt Sté Eky, de 12-2-1960). Essa tese já era defendida por Burdeau, que atribuía a inserção de matérias tão relevantes no preâmbulo à necessidade de composição entre as forças políticas presentes na Assembleia Constituinte, como os marxistas e os liberais (BURDEAU, Georges. *Traité de science politique.* Op. cit., p. 130-132). O Conselho Constitucional, do mesmo modo, já tinha reconhecido o valor jurídico do preâmbulo em momento anterior (Arrêt Traités des Communautés Européennes, de 19-6-1970), assentando a inconstitucionalidade de tratados dissonantes da Declaração de Direitos de 1789. A singularidade do caso de 1971, além de reforçar a autoridade do Conselho, reside na utilização de uma lei da República como elemento de integração do preâmbulo e fundamento da decisão proferida. No regime anterior, o art. 93 da Constituição de 1946 excluía do Comitê Constitucional a realização do controle de constitucionalidade com base nos princípios do preâmbulo.

[84] Cf. HAMON, Francis; TROPER, Michel; BURDEAU, Georges. *Manuel de droit constitutionnel.* Op. cit., p. 47.

identificado o exato alcance a ser atribuído ao designativo "Constituição".

Sob uma perspectiva formal e nitidamente restrita, a Constituição pode ser concebida como o conjunto de disposições emanadas do poder constituinte ou editadas em harmonia com um procedimento específico previsto no texto constitucional. Numa perspectiva material e extensiva, a Constituição engloba determinadas disposições supra ou infraconstitucionais que contribuem para a sua integração e assumem o *status* de disposições materialmente constitucionais, podendo, inclusive, ser utilizadas como paradigma de confronto no controle de constitucionalidade. Daí se falar em "bloco de constitucionalidade".[85]

A identificação do alcance e das potencialidades do denominado bloco de constitucionalidade está normalmente associada à compreensão das relações mantidas entre distintas espécies normativas a partir de critérios de hierarquia formal e de distribuição de competências.[86] Nessa perspectiva, é possível que algumas espécies normativas devam obediência ao disposto na Constituição e em outras de natureza infraconstitucional, condicionando a sua própria validade. De acordo com esse sistema de coordenação, tem-se o seguinte quadro: a Constituição, situada no ápice

---

[85] A noção de *bloco de constitucionalidade*, nitidamente derivada da ideia de *bloco de legalidade*, recorrente na doutrina administrativista, passou a ser utilizada no início da V República, mais especificamente a partir dos anos 60 do século XX. Desde então, foi exportada para a Espanha, onde o conceito é expressamente referido pelo Tribunal Constitucional, mas com conteúdo diverso daquele adotado na França. Cf. FAVOREU, Louis et al. *Droit constitutionnel*. Op. cit., p. 118-123.

[86] Cf. DE OTTO, Ignácio. *Derecho constitucional*: sistema de fuentes. 2. ed. Barcelona: Ariel, 2001, p. 88-95.

do ordenamento, realiza uma distribuição de competências entre duas espécies normativas e, paralelamente, ainda acresce que uma delas deve seguir os parâmetros estabelecidos pela outra. Entre a Constituição e uma das espécies normativas se interpõe uma terceira, que integra as disposições constitucionais a serem observadas por aquela. É a denominada "norma interposta",[87] que condiciona a edição de outras normas do mesmo grau.[88] Nesse caso, o denomi-

---

[87] A formulação teórica da "norma interperposta" foi realizada por Carlos Lavagna (LAVAGNA, Carlos. Problemi di giustizia costituzionale sono il profilo della "manifesta infondatezza". *RISG*, 1955-1956, p. 203 e ss.), que, de forma inovadora, considerou unitariamente um complexo de espécies normativas, que integrariam os parâmetros utilizados no controle de constitucionalidade. Em suas palavras: *"norme con efficacia di legge ordinaria che per esplicito disposto della Costituzione vincolano o limitano altre norme giuridiche"*. Cf. SICLARI, Massimo. *Le "norme interposte" nel giudizio di costituzionalità*. Padova: CEDAM, 1992, p. 3 e ss.; e DE VERGOTTINI, Giuseppe. *Diritto costituzionale*. 3. ed. Padova: CEDAM, 2001, p. 173-174.

[88] São exemplos de normas interpostas: na Espanha, a necessidade de as Comunidades Autônomas observarem, no exercício de sua competência legislativa, o Estatuto das Autonomias e as outras leis do Estado (art. 147, II, *d*, da Constituição); em Portugal, a imperativa observância, pelas Regiões Autônomas dos Açores e da Madeira, do disposto nos respectivos estatutos político-administrativos (art. 227, 1, *a*, *b*, *c* etc.); na Itália, o Estado e as Regiões têm competência legislativa concorrente em determinados assuntos (*v.g.*: proteção e segurança do trabalho, saúde e educação), estando as últimas adstritas aos princípios fundamentais estabelecidos pela legislação do Estado (art. 117, 3, da Constituição); no Brasil, os Estados federados e o Distrito Federal, em dadas matérias (*v.g.*: direito tributário, meio ambiente, educação e saúde), podem legislar concorrentemente com a União, estando a última limitada à edição de normas gerais, que devem ser necessariamente observadas pelos primeiros (art. 24, § 1º, da Constituição); na Alemanha, nos casos de competência exclusiva da Federação, os *Länder* somente podem legislar nas hipóteses e na medida em que uma lei federal os autorize (art. 71 da *Grundgesetz*).

nado bloco de constitucionalidade é integrado pela Constituição e por normas infraconstitucionais que condicionam a validade de outras normas infraconstitucionais.

Em outros casos, o bloco de constitucionalidade pode ser integrado pelas disposições normativas a que a Constituição, direta ou indiretamente, remeteu. Tomando-se como referencial o direito francês, os principais elementos do bloco de constitucionalidade, além da Constituição, são os seguintes: o preâmbulo da Constituição de 1946,[89] os "princípios fundamentais reconhecidos pelas leis da República",[90] a que faz remissão o referido preâmbulo, e Declaração dos Direitos do Homem e do Cidadão de 1789.[91]

Além dos elementos principais, podem ser acrescidos ao bloco de constitucionalidade os objetivos de valor constitucional (manifestação dos princípios, caracterizados pela fixação de diretrizes políticas) e, apesar de terem natureza infraconstitucional, as leis orgânicas – disposições que são utilizadas pelo Conselho Constitucional como "normas de referência" no controle de constitucionalidade (as leis orgânicas são utilizadas no controle das leis ordinárias).[92] Especificamente em relação às leis orgânicas, somente integrarão o bloco de constitucionalidade quando veicularem

---

[89] Cf. Conseil constitutionnel. Decisão nº 44 DC (*Liberté d´association*), j. em 16-7-1971, *Rec.* 29, *RJC* I-24.

[90] São os "princípios fundamentais da tradição republicana francesa": Conseil constitutionnel. Decisão nº 88-244 DC (*Loi portant amnistie*), j. em 20-7-1988, *Rec.* 119, *RJC* p. I-334, *JO* de 21-7-1988.

[91] Cf. Conseil constitutionnel. Decisão nº 51 DC (*Taxation d´office*), j. em 27-12-1973, *Rec.* 25, *RJC* I-28.

[92] HAMON, Francis; TROPER, Michel; BURDEAU, Georges. *Manuel de droit constitutionnel.* p. 664 e 734-737.

normas de procedimento a serem observadas pelas leis ordinárias (v.g.: as leis de financiamento social de 22 de julho de 1996).[93] Tratando-se de matéria da alçada de lei orgânica e que venha a ser regulada por lei ordinária, esta última será considerada inválida não por ser dissonante da lei orgânica, mas por violar diretamente a Constituição, mais especificamente na parte em que define a espécie normativa a ser utilizada.[94]

Apesar de reconhecer que os tratados e acordos regularmente ratificados ou aprovados possuem uma autoridade superior à das leis,[95] o Conselho Constitucional francês negou-se a integrá-los ao "bloco de constitucionalidade",[96] expressão, é importante frisar, que jamais foi utilizada pelo órgão.[97]

---

[93] Cf. FAVOREU, Louis et al. *Droit constitutionnel*. Op. cit., p. 125.

[94] Na Decisão nº 178, o Conselho Constitucional considerou nulas disposições de lei ordinária face à violação ao art. 25 da Constituição, que exigia a edição de lei orgânica (j. em 30-8-1984, *Recueil* p. 69, *RJC* I-195, *JO* de 4-9-1984).

[95] Art. 55 da Constituição Francesa de 1958.

[96] Decisão nº 74-54 DC (*Loi relative à l'interruption volontaire de la grossesse*), j. em 15-1-1975, *Recueil*, p. 19, *RJC*, p. I-30; *JO* de 16-1-1975. Hamon, Troper e Burdeau anotam que, após a aprovação da lei constitucional de 25-6-1992, que incluiu na Constituição um título denominado *Des commmunautés européennes et de l'union européenne*, o direito europeu não mais pode ser considerado um fato exterior à Constituição, sendo provável que, em breve, seus princípios fundamentais sejam incorporados ao bloco de constitucionalidade, especialmente o direito de asilo e outros direitos previstos no Tratado de Maastricht (HAMON, Francis; TROPER, Michel; BURDEAU, Georges. *Manuel de droit constitutionnel*. Op. cit., p. 736).

[97] Cf. FAVOREU, Louis et al. *Droit constitutionnel*. Op. cit., p. 119. Em alguns casos, é feita referência a "normas de constitucionalidade": Deci-

O Conselho Constitucional francês tem dispensado um tratamento homogêneo às categorias que integram o bloco de constitucionalidade, terminando por afastar a existência de qualquer hierarquia entre elas, em especial entre a Declaração dos Direitos do Homem e do Cidadão e o preâmbulo da Constituição de 1946.[98] Possíveis antinomias, assim, não serão superadas com o mero recurso ao critério hierárquico, sendo necessária a compatibilização das normas que integram o bloco de constitucionalidade a partir da atividade do intérprete ou com a utilização dos mesmos critérios que nortearão a solução dos conflitos em geral.

12 Os objetivos de valor constitucional do direito francês

Rompendo com a dicotomia regras e princípios, que normalmente direciona a análise das normas constitucionais, o Conselho Constitucional francês tem reconhecido a existência de "objetivos de valor constitucional", tomando-se "valor" como designativo de *status*, de força, *in casu*, constitucional.[99] De acordo com Favoreu, são duas as distinções

---

são nº 98-401 DC (*Loi d'orientation et d'incitation relative à la réduction du temps de travail*), j. em 10-6-1998, *Recueil* p. 258, *JO* de 14-6-1998.

[98] Cf. Conseil constitutionnel. Decisão nº 81-132 DC (*Loi de nationalisation*), j. em 16-1-1982, *Recueil* p. 18, *RJC* I-104, *JO* de 17-1-1982.

[99] Cf. FAVRE, Jérome; TARDIVEL, Boris. Recherches sur la catégorie jurisprudentielle de "libertés et droits fondamentaux de valeur constitutionnelle". *Revue du Droit Public & de la Science Politique em France et à L'étranger*, nº 5, set./out. 2000, p. 1.411 (1.414). A progressiva aparição dessa figura se iniciou com a Decisão nº 80-127 DC, em que se fez menção à "ordem pública", mas sem qualificá-la diretamente como um objetivo de valor constitucional (j. em 20-1-1981, *Recueil*, p. 15, *RJC*, p. I-91, *JO* de 22-1-1981, p. 308). Somente com a Decisão nº 82-141 DC, a expressão foi utilizada pelo Conselho (j. em 27-7-1982, *Recueil*, p.

entre objetivos e princípios de valor constitucional: 1) o objetivo de valor constitucional fixa uma linha de conduta para o Parlamento e o Governo, direcionando sua atuação para a efetivação dos verdadeiros direitos fundamentais da pessoa (a dignidade humana e a garantia "ao indivíduo e à família das condições necessárias ao desenvolvimento"); e 2) não pode ser invocado diretamente pelos indivíduos na tutela de seus direitos.[100] Como se percebe, essa distinção faz que os objetivos de valor constitucional em muito se assemelhem às *policies* de Dworkin,[101] assumindo a função de diretrizes de atuação governamental.

Os objetivos de valor constitucional estão voltados à concretização das disposições constitucionais: direcionam a atuação dos órgãos estatais e não podem embasar pretensões individuais, possuindo uma feição essencialmente instrumental em relação à atividade legislativa. Sua natureza teleológica e não propriamente finalística atua como elemento de orientação das escolhas a serem realizadas pelos poderes constituídos.

48, *RJC*, p. I-126, *JO* de 27-7-1982, p. 2422). Na ocasião, foi apreciada a "lei sobre a comunicação audiovisual", que conciliava a liberdade de comunicação consagrada no art. 11 da Declaração de 1789 com "os objetivos de valor constitucional que são a salvaguarda da ordem pública, o respeito à liberdade de terceiros e a preservação da feição pluralista das correntes de expressão socioculturais". Cf. FAURE, Bertrand. Les objectifs de valeur constitutionnelle: une nouvelle catégorie juridique? *Revue Française de Droit Constitutionnel*, nº 21, p. 47 (47 – nota 2), 1995.

[100] FAVOREU, Louis. La protection constitutionnelle des droits fondamentaux. In: FAVOREU, Louis (Org.). *Droits des libertés fondamentales*. 2. ed. Paris: Dalloz, 2002.

[101] DWORKIN, Ronald. *Taking rights seriously*. 17. Imp. Massachussetts: Harvard University Press, 1999, p. 22-23.

O delineamento desses objetivos, na forma em que têm sido concebidos e estudados no direito francês, não costuma encontrar origem num texto normativo expresso. Defluem do sistema, sendo o resultado de um processo indutivo marcado por sucessivas operações cognitivas, que avançam em graus de abstração até permitir a individualização de determinados fins a serem alcançados pelo aparato estatal. Pode-se afirmar que o seu principal alicerce normativo reside no denominado "bloco de constitucionalidade", em especial no preâmbulo da Constituição Francesa de 1946 e na Declaração dos Direitos do Homem e do Cidadão de 1789. A individualização desses objetivos ainda é fortemente influenciada pelas normas comunitárias, originárias e derivadas, que também contribuem para a fixação dos fins de interesse geral a serem alcançados pelos Estados membros.

Tomando-se como referencial de análise o art. 11 da DDHC,[102] o Conselho Constitucional identificou múltiplos objetivos de valor constitucional: "o pluralismo das correntes de expressão sociocultural",[103] "o pluralismo no cotidiano da informação política e geral"[104] e "a transparência

---

[102] DDHC, art. 11: "A livre comunicação dos pensamentos e das opiniões é um dos mais preciosos direitos do homem; todo cidadão pode, portanto, falar, escrever, exprimir livremente, respondendo pelo abuso dessa liberdade nos casos determinados pela lei".

[103] Decisão nº 82-141 DC, j. em 27-7-1982, *Recueil*, p. 48; *RJC*, p. I-126, *JO* de 27-7-1982, p. 2.422.

[104] Decisão nº 88-248 DC, j. em 17-1-1989, *Recueil*, p. 18; *RJC*, p. I-339, *JO* de 18-1-1989, p. 754; e Decisão nº 84-181 DC, j. em 11-10-1984, *Recueil*, p. 78, *RJC*, p. I-199, *JO* de 13-10-1984, p. 3.200. Cf. FAVOREU, Louis; PHILIP, Loïc. *Les grandes décisions du conseil constitutionnel*. 12. ed., Paris: Dalloz, 2003, p. 597-619 e 721-742.

financeira das empresas de comunicação".[105] Baseando-se no art. 2º da DDHC,[106] que inclui a segurança dentre os direitos naturais e imprescritíveis do homem, e no preâmbulo da Constituição de 1946, que assegura ao indivíduo as condições necessárias ao seu desenvolvimento, o Conselho delineou o objetivo constitucional de salvaguarda à ordem pública.[107] Prosseguindo em sua construção, o Conselho identificou o objetivo de proteção à liberdade de terceiros a partir do art. 4º da DDHC;[108] e o objetivo de luta contra a fraude fiscal do princípio da igualdade dos cidadãos em relação às imposições tributárias do Estado, contemplado no art. 13 da DDHC.[109]

A vagueza semântica desses objetivos torna patente a sua inaptidão para definir direitos e impor obrigações. Compete ao órgão legislativo, norteado por um juízo de oportunidade, adotar as providências necessárias à sua operacionalização, criando o instrumental jurídico que permita a sua transposição para a realidade. Apesar da generalidade que os caracteriza, os objetivos de valor constitucional desempenham relevantes funções no sistema, *v.g.*: a) faci-

---

[105] Decisão nº 86-210 DC, j. em 29-7-1986, *Recueil*, p. 110, *RJC*, p. I-270, *JO* de 30-7-1986, p. 9.393.

[106] DDHC, art. 2º: "A finalidade de toda associação política é a conservação dos direitos naturais e imprescritíveis do homem. Esses direitos são: a liberdade, a prosperidade, a segurança e a resistência à opressão."

[107] Decisão nº 86-217 DC, j. em 18-9-1986, *Recueil*, p. 141; *RJC*, p. I-283, *JO* de 19-9-1986, p. 11.294; e Decisão nº 93-325 DC, j. em 13-8-1993, *Recueil*, p. 224; *RJC*, p. I-539, *JO* de 18-8-1993, p. 11.722.

[108] Decisão nº 82-141 DC, j. em 27-7-1982, *Recueil*, p. 48; *RJC*, p. I-126, *JO* de 27-7-1982, p. 2.422.

[109] Decisão nº 86-209 DC, j. em 3-7-1986, *Recueil*, p. 86; *RJC*, p. I-266, *JO* de 4-7-1986, p. 8.342.

litam a concordância prática das normas constitucionais, justificando expansões ou retrações dos direitos fundamentais a partir de um referencial de indiscutível interesse público (*v.g.*: restrição da liberdade de reunião com o fim de resguardar a ordem pública);[110] b) atuam como vetores interpretativos das normas constitucionais; e c) podem ser utilizados como paradigmas de controle das normas infraconstitucionais,[111] permitindo o reconhecimento de sua inconstitucionalidade sempre que inaptas a alcançar o fim colimado.

Tais objetivos, em verdade, quer pela origem, quer pela função que desempenham, consubstanciam mera especificação da força normativa irradiada pelos princípios, não chegando a formar uma categoria própria de normas constitucionais. Neles se identifica a parcela voltada a um *facere* estatal, consistente na edição de um padrão normativo que lhes integre o conteúdo e permita a transformação da

---

[110] Na Decisão nº 84-181 DC, o Conselho reconheceu que o legislador somente pode restringir as situações que digam respeito a uma liberdade pública em duas hipóteses: se as situações tiverem sido ilegalmente constituídas ou sua restrição for realmente "necessária para assegurar a realização do objetivo constitucional perseguido" (j. em 11-10-1984, *Recueil*, p. 78, *RJC*, p. I-199, *JO* de 13-10-1984, p. 3.200). Na medida em que podem impor restrições a um direito fundamental, os objetivos de valor constitucional devem sofrer uma interpretação restritiva, não afetando a própria essência do direito a ser restringido: Decisão nº 86-210 DC, j. em 29-7-1986, *Recueil*, p. 110, *RJC*, p. I-270, *JO* de 30-7-1986, p. 9.393.

[111] Cf. Decisão nº 89-261 DC, j. em 28-7-1989, *Recueil*, p. 81, *RJC*, p. I-370, *JO* de 1º-8-1989, p. 9.679; e Decisão nº 91-294 DC, j. em 25-7-1991, *Recueil*, p. 91, *RJC*, p. I-455, *JO* de 27-7-1991, p. 10.001.

realidade no alcance almejado. Esse papel, à evidência, é desempenhado pelos princípios.[112]

Epílogo

A pretensão à universalidade externada pela DDHC logo em seu título, estabelecendo a dicotomia entre homem e cidadão, somente foi consagrada num documento internacional no século XX, mais especificamente na Declaração Universal dos Direitos Humanos,[113] adotada e proclamada pela Resolução nº 217 A (III), da Assembleia Geral

---

[112] Em sentido contrário, sustentando que os objetivos de valor constitucional representam uma categoria jurídica específica, isto porque apenas tangenciam características de outras categorias, não se identificando completamente com nenhuma delas (*v.g.*: os princípios constitucionais gerais, os princípios fundamentais reconhecidos pelas leis da República e os direitos fundamentais, nesse último caso em razão do seu poder de conciliação), vide FAURE, Bertrand. Les objectifs de valeur constitutionnelle: une nouvelle catégorie juridique? *Revue Française de Droit Constitutionnel*, nº 21, p. 47 (76), 1995.

[113] A Declaração Universal foi escrita pelo canadense John Peters Humphrey, com a ajuda de pensadores de todo o mundo, sendo aprovada com a participação de praticamente todos os 58 Estados membros da Organização à época: 48 votos a favor, nenhum voto contra, oito abstenções (Arábia Saudita, Bielorussia, Tchecoslováquia, Polônia, Ucrânia, União Sul-Africana, URSS e Iugoslávia) e ausência de dois Estados (Honduras e Iêmen), o que é um relevante indicador do grau de penetração dos valores nela contemplados na sociedade internacional. A designação atual resultou da Resolução nº 548 (VI) da Assembleia Geral, que deliberou pela substituição da anterior – Declaração Universal dos Direitos do Homem – em todas as publicações das Nações Unidas. Dentre as inúmeras declarações adotadas pela Assembleia Geral, merece ser igualmente mencionada a Declaração sobre a Proteção de Todas as Pessoas Contra a Tortura e Outros Tratamentos Desumanos ou Degradantes, aprovada, por unanimidade, pela Resolução nº 3.452 (XXX), de 9 de dezembro de 1975.

das Nações Unidas, de 10 de dezembro de 1948, o que bem demonstra o avanço do pensamento revolucionário francês. Principiando pelo preâmbulo, essa última declaração, escrita logo após o pesadelo nazista, propugna que a dignidade é um valor fundamental ao ser humano, dela emanando todos os demais direitos, que devem ser "iguais" e "inalienáveis". Em razão de sua essencialidade, a inobservância dos direitos do homem legitimará o direito de resistência como "supremo recurso".[114]

Igual caminho foi trilhado por inúmeras constituições contemporâneas que, além de consagrarem a primeira geração dos direitos fundamentais, ainda ressaltam o seu caráter inato e indissociável da espécie humana.[115]

Como se percebe, a DDHC gerou bons frutos.

Compreender as circunstâncias em que se desenvolveu o processo revolucionário francês revela-se de suma importância para identificarmos o papel da DDHC na estruturação do moderno Estado de Direito e na sedimentação dos direitos fundamentais. Por outro lado, é igualmente importante contextualizarmos o seu surgimento num certo período histórico, social e político. Com isto, se evitará que dogmas sacramentados sob a égide do liberalismo clássico,

---

[114] Vide o § 3º do preâmbulo da Declaração Universal dos Direitos Humanos.
[115] Inúmeros textos constitucionais contemporâneos fazem referência aos direitos "inalienáveis" ou "intangíveis" do homem, *v.g.*: o art. 1º, 1, da *Grundgesetz* alemã; o art. 4º da Constituição do Principado de Andorra; o art. 10, 1, da Constituição da Espanha; o art. 2º da Constituição da Itália; a primeira frase do preâmbulo da Constituição da França de 1946, integrado à Carta de 1958; o art. 11 da Constituição do Japão; e o art. 17, 2, da Constituição da Rússia.

com evidente preeminência de concepções individualistas, sejam transpostos para um contexto em que a atividade do Estado também deve assumir contornos comissivos, vale dizer, em que os direitos prestacionais assumem indiscutível importância.

Os direitos, ademais, outrora confinados à individualidade, passam a ser vistos num ambiente de solidariedade: a justiça formal cede espaço à justiça distributiva, a propriedade passa a cumprir a sua função social e o princípio da separação dos poderes sofre uma releitura, permitindo que o Judiciário, em certa medida, supra as omissões ou ajuste o proceder dos órgãos de soberania à ordem constitucional, sem que tal possa ser considerado uma ruptura do sistema.[116]

Com os olhos voltados a essa realidade, teremos a exata noção da importância da DDHC e da obra do Abade Sieyès para o desenvolvimento da teoria dos direitos humanos.

---

[116] Para maior desenvolvimento da temática afeta ao ativismo judicial e à legitimidade de suas decisões, vide, de nossa autoria, *Conflito entre normas constitucionais*: esboço de uma teoria geral. Rio de Janeiro: Lumen Juris, 2008, p. 95-124.

NOTA BIOGRÁFICA

Emmanuel Joseph Sieyès, mais conhecido como Abade Sieyès, clérigo, cientista político, revolucionário e homem público, nasceu em Fréjus en Provence, em 3 de maio de 1748. Seu pai era chefe dos correios e coletor de créditos do Rei; sua mãe provinha da baixa nobreza.

Frequentou o Colégio dos Jesuítas de Fréjus e, posteriormente, o Seminário de Saint-Sulpice, em Paris. Após dez anos de estudos, foi ordenado padre em 1773.

Em 1775 tornou-se secretário do Bispo de Tréguier.

Em 1784 foi nomeado vigário geral e chanceler do Bispo de Chartres.

Iniciou sua vida política em 1787, participando da Assembleia Provincial de Orléans.

Com a convocação dos Estados Gerais em 1788, escreveu *Vues sur les moyens d'exécution, dont les représentants de la France pourront disposer* em 1789, o opúsculo *Essai sur les priviléges* em novembro de 1788 e, em continuação, o festejado *Qu'est-ce le tiers état?*, panfleto publicado em janeiro de 1789 e que lhe conferiu notoriedade.

Ainda escreveu as obras *Observation sommaire sur les biens ecclésiastiques* (1789) e *Aperçu d'une nouvelle organization de la justice et de la police en France* (1790).

Foi eleito Deputado para os Estados Gerais de 1789, tendo defendido a transformação da representação do Terceiro Estado em Assembleia Nacional e, posteriormente, em Assembleia Constituinte.

Em 22 de julho de 1789 apresenta, perante o Comitê de Constituição, o escrito intitulado *Préliminaire de la constitution: reconnaissance et exposition raisonée des droits de l'homme et du citoyen*.

Em 1790, foi eleito Presidente da Assembleia e do Clube dos Jacobinos.

Participou da redação da Declaração dos Direitos do Homem e do Cidadão de 1789 e da Constituição Francesa de 1791.

Como membro da Convenção, eleito pelo Departamento de Sarthe, participou de todas as sessões e votou favoravelmente, em 1792, à execução do Rei Luís XVI.

Permaneceu afastado da vida pública durante o "Reino de Terror", somente retornando à ativa após a execução de Maximillien Robespierre em 1794, no dia 9 *Thermidor* (27 de julho).

Em 1795, foi eleito membro do Comitê de Salvação Pública e do Conselho dos Quinhentos, recusando-se a integrar o Diretório, isto em razão de sua oposição ao regime constitucional.

Em 1798, foi embaixador em Berlim.

Em 1799, assumiu o Diretório em 21 *Prairal* (9 de Junho) e, logo depois, participou, com Napoleão Bonaparte, do golpe de 18 *Brumaire* (9 de novembro). Foi, com Bonaparte e Roger Ducos, um dos três cônsules provinciais, até ser substituído, juntamente com Ducos, em dezembro de 1799.

Influiu na elaboração da Constituição Francesa do ano VII (1799).

Ocupou o cargo de Presidente do Senado (1800) e foi Conde do Império (1809), participando da vida pública até a restauração da dinastia Bourbon, quando foi considerado regicida.

Viveu exilado em Brussels, na Bélgica, entre 1816 e 1830.

Retornou a Paris após a Revolução de 1830, falecendo em 20 de junho de 1836.

Exposição refletida dos Direitos do Homem e do Cidadão

Abade Sieyès
Julho de 1789

"O Comitê de Constituição, do qual tenho a honra de ser membro, encarregou-me, no dia 16 do presente mês, de elaborar um projeto de *declaração de direitos*. Tive a honra de apresentá-lo no dia 20. Houve uma segunda leitura no dia 21, na presença de aproximadamente 20 deputados que se encontravam naquela sessão. O Comitê convidou-me a imprimir o trabalho para facilitar o exame. Rendo-me às suas ordens."

Versalhes, 22 de julho de 1789.

Abade Sieyès
Deputado pela Cidade de Paris e
Secretário da Assembleia Nacional.

OBSERVAÇÕES

Há duas maneiras de apresentar as grandes verdades aos homens. A primeira delas, impondo-as como artigos de lei, o que releva mais à memória que à razão. Muitas pessoas sustentam que a lei deve sempre possuir essa característica. Quando isso é feito, uma *declaração dos direitos do cidadão* não deve ser vista como uma série de leis, mas, sim, de princípios. A segunda maneira de oferecer a verdade é não privá-la de suas características essenciais: a razão e a evidência. Não fazemos verdadeiramente senão aquilo que fazemos com a razão. Creio que, no século XVIII, é assim que os representantes dos franceses devem falar aos seus comitentes.

Há também dois métodos para ser claro. O primeiro consiste em retirar da abordagem tudo que exige atenção e tudo que representa as coisas triviais que todas as pessoas sabem de antemão. É preciso convir que nada é mais simples e mais claro, para a multidão de leitores, que um trabalho executado sobre esse plano. Mas, se queremos tratar da temática escolhida, apresentá-la tal qual exigido por sua natureza, dizer tudo aquilo que lhe diz respeito e afastar tudo aquilo que não lhe pertença, é a um outro gênero de clareza que devemos aspirar. Esse gênero não pode dispensar a atenção.

De resto, encontraremos ao fim dessa pequena obra uma série de máximas, bem ao gosto das Declarações de Direitos já conhecidas e próprias ao grande número de cidadãos menos acostumados a refletir sobre as relações dos homens em sociedade.

RECONHECIMENTO E EXPOSIÇÃO REFLETIDA DOS DIREITOS DO HOMEM E DO CIDADÃO

Os Representantes da Nação Francesa, reunidos em Assembleia Nacional, reconhecem que têm, por seus mandatos, o especial encargo de regenerar a Constituição do Estado.

Em consequência, irão, a esse título, exercer o poder constituinte. Portanto, como a representação atual não é rigorosamente conforme à exigida por um poder dessa natureza, declaram que a Constituição a ser dada à Nação, provisoriamente obrigatória para todos, somente será definitiva quando novo poder constituinte, extraordinariamente convocado para esse único objetivo, tiver-lhes dado o consentimento reclamado pelo rigor dos princípios.

Os Representantes da Nação Francesa, exercendo a partir desse momento as funções de PODER CONSTITUINTE;

Considerando que toda união social e, por consequência, toda a Constituição política, não podem ter por objetivo senão manifestar, estender e assegurar *os direitos do homem e do cidadão*;

Julgam que devem se apegar ao reconhecimento desses direitos e que sua exposição refletida deve preceder o plano da Constituição como uma preliminar indispensável, o que representa, em todas as constituições políticas, o objeto ou a finalidade que todos, sem distinção, devem se esforçar em atender;

Em consequência, os Representantes da Nação Francesa reconhecem e consagram com uma promulgação positiva e solene a seguinte declaração *dos direitos do homem e do cidadão*.

Suas necessidades e seus meios

O homem está, por sua natureza, sujeito a *necessidades*, mas, também em decorrência de sua natureza, possui os *meios* de poder. Ele sente em todos os instantes o desejo do bem-estar; mas ele recebeu uma inteligência, uma vontade e uma força: a inteligência para reconhecer; a vontade para adotar uma determinação; e a força para executá-la. O bem-estar é o *objetivo* do homem, suas faculdades morais e físicas são os *meios* pessoais: com eles, poderá atribuí-lo a si ou procurar todos os bens e meios exteriores que lhe são necessários.

Situado no meio da *natureza*, o homem recolhe seus dons. Ele os escolhe, os multiplica, os aperfeiçoa para o seu trabalho e, ao mesmo tempo, aprende a evitar, a prevenir aquilo que pode prejudicá-lo. Ele se protege, por assim dizer, contra a natureza, com as forças que dela recebeu, atrevendo-se mesmo a combatê-la. Sua indústria se aperfeiçoa diariamente e vemos o poder do homem, de progresso ilimitado, a se servir mais e mais de todos os poderes da *natureza* para as suas necessidades.

Como ele os exerce sobre a natureza

Situado no meio de seus *semelhantes*, ele se sente premido por um grande número de novas relações. Os outros indivíduos apresentam-se, necessariamente, ou como *meios*, ou como *obstáculos*, nada lhe importando mais que as relações com os seus semelhantes.

Como ele pode exercê-los sobre os semelhantes

Se os homens não querem ver-se senão como meios recíprocos de felicidade, eles precisam ocupar em paz a terra, sua habitação comum, e marchar juntos e em segurança ao seu objetivo comum.

Esse cenário muda se eles veem uns aos outros como obstáculos: em pouco tempo não lhes resta senão a escolha entre fugir ou combater de forma incessante. A espécie humana não representa mais que um grande erro da natureza.

Dois tipos de relações entre os homens

As relações dos homens entre si são de dois tipos: aquelas que nascem de um estado de guerra que a força sozinha estabelece; e aquelas que nascem livremente de uma utilidade recíproca.

Relações ilegítimas e igualdade de direitos

As relações que não tenham origem senão na força são erradas e ilegítimas. Dois homens, sendo igualmente homens, têm, num mesmo grau, todos os direitos que decorrem da natureza humana. Assim, todo homem é proprietário de sua pessoa, ou ninguém o é. Todo homem tem o direito de dispor de seus meios, ou ninguém o terá. Os meios individuais são vinculados, por sua natureza, às necessidades individuais, logo, aquele que é encarregado das necessidades deve, então, dispor livremente dos meios. Isto não é somente um direito, mas um dever.

Desigualdade de meios

Existem, é verdade, grandes desigualdades de meios entre os homens. A natureza faz os fortes e os fracos; ela atribui a alguns uma inteligência que recusa a outros. Em consequência, haverá entre eles desigualdade de trabalho, desigualdade de produção e desigualdade de consumo ou de gozo; mas isso não significa que possam ter uma desigualdade de direitos.

Todos terão um direito igual decorrente da mesma origem, de modo que aquele que avança sobre o direito do outro transpõe os limites do seu próprio direito. O direito de cada um deve ser respeitado pelos outros, e esse direito e esse dever não podem deixar de ser recíprocos. Daí que o direito do fraco sobre o forte é o mesmo que aquele do forte sobre o fraco. Quando o forte consegue oprimir o fraco, ele produz efeito sem produzir obrigação. Longe de impor um novo dever ao fraco, ele reanima neste último o dever natural e imperecível de repelir a agressão.

É uma verdade eterna, que não podemos repetir muito aos homens, a de que o ato pelo qual o forte tem o fraco sob o seu jugo não pode jamais originar um direito; e que, ao contrário, o ato pelo qual o fraco se subtrai ao jugo do forte é sempre um direito, um dever urgente sempre existente para consigo mesmo.

É preciso, então, limitar-se apenas àquelas relações que podem legitimamente ligar os homens entre si, vale dizer, àquelas que nascem de um compromisso real.

Relações legítimas

Não há nenhum compromisso se ele não se fundou na vontade livre dos contratantes. Em consequência, não há nenhuma associação legítima que não se tenha estabelecido sobre um contrato recíproco, voluntário e livre por parte dos coassociados.

A vontade: princípio de todo compromisso

Como todo homem é encarregado de desejar o seu bem, ele pode querer comprometer-se com os seus semelhantes, o que fará sempre que julgar ser vantajoso para si.

O estado social como continuação do estado natural

Foi reconhecido mais acima que os homens podem muito pela felicidade uns dos outros. Portanto, uma sociedade fundada sobre a utilidade recíproca estará verdadeiramente sobre a linha dos meios naturais que se apresentam ao homem para conduzi-lo aos seus objetivos. Essa união, assim, é uma vantagem, não um sacrifício: a ordem social é como uma continuação, como um complemento da ordem natural. Mesmo que todas as faculdades sensíveis do homem não o dirijam de uma maneira real e vigorosa, ou mesmo não esclarecida, a viver em sociedade, a razão sozinha o conduzirá.

Objeto da união social

O objeto da união social é a felicidade dos associados. Os homens, como temos dito, caminham constantemente para esse objetivo; e certamente não pretenderam alterá-lo quando se associaram aos seus semelhantes.

Portanto, o Estado Social não tende a degradar, a aviltar os homens, mas, pelo contrário, a enobrecê-los, a aperfeiçoá-los.

Portanto, a sociedade não enfraquece, não reduz os meios particulares que cada indivíduo traz à associação para a sua utilidade privada; pelo contrário, ela os acresce, os multiplica por meio de um maior desenvolvimento das faculdades morais e físicas. Ela ainda os aumenta pelo inestimável concurso das ajudas e dos serviços públicos, de modo que, se o cidadão paga uma contribuição aos cofres públicos, isto não é senão uma forma de restituição; é a mais singela parte do lucro e das vantagens que ele obtém.

Portanto, o Estado Social não estabelece uma injusta desigualdade de direitos ao lado da desigualdade natural dos meios; ao contrário, ele protege a igualdade dos direitos contra a influência natural, mas nociva, da desigualdade dos meios. A lei social não é feita para enfraquecer o fraco e fortificar o forte; ao contrário, ela se ocupa de pôr o fraco ao abrigo das investidas do forte e, cobrindo com sua autoridade tutelar a universalidade dos cidadãos, ela garante a todos a plenitude dos seus direitos.

Portanto, o homem, ingressando na sociedade, não faz o sacrifício de uma parte de sua liberdade. Mesmo fora do liame social, ninguém teria o direito de prejudicar ao outro. Esse princípio é válido em todas as posições onde poderíamos presumir a espécie humana: o direito de prejudicar jamais pertenceu à liberdade.

Estado social favorece e aumenta a liberdade

Longe de diminuir a liberdade individual, o Estado Social estende e assegura o seu uso. Ele afasta um grande número de obstáculos e de perigos a que a liberdade estava exposta, sob a só garantia de uma força privada, e a confia à guarda do poder da associação inteira.

Assim, pois, no Estado Social o homem acredita em meios morais e físicos e, ao mesmo tempo, ele se subtrai às inquietudes que acompanham o seu uso. É verdadeira a afirmação de que a liberdade é mais plena e inteira na ordem social do que pode ser no Estado que se chama *de natureza*.

A liberdade é exercida sobre as coisas *comuns* e sobre as coisas *próprias*.

Espécies de propriedade

A propriedade de sua própria *pessoa* é o primeiro dos direitos.

Desse direito primitivo decorre a propriedade das *ações* e do *trabalho*, pois o trabalho não é senão o uso útil dessas faculdades: ele emana evidentemente da propriedade da pessoa e das ações.

A propriedade dos objetos exteriores, ou a propriedade *real*, não é igualmente senão uma continuação ou extensão da propriedade pessoal. O ar que respiramos, a água que bebemos, a fruta que comemos, se transformam em nossa própria substância, como efeito de um trabalho voluntário ou involuntário do nosso corpo.

A partir de operações análogas, ainda que mais dependentes da vontade, eu me aproprio de um objeto que não pertence à pessoa, mas do qual necessito, por meio de um trabalho que o modifica, que o prepara para o meu uso. Meu trabalho pertence a mim, mas ele é, ainda, o objeto sobre o qual eu o fixei, no qual eu investi e que termina por pertencer a mim como a todo o mundo. Ele pertence, no entanto, mais a mim que aos outros, pois tenho sobre ele o direito de primeiro ocupante. Essas condições me bastam para fazer desse objeto minha propriedade exclusiva. O Estado Social se soma a ele, por força de uma convenção geral, uma forma de consagração social, e temos necessidade de supor esse último ato, para poder dar à palavra propriedade toda a importância de sentido que estamos acostumados a associar em nossas sociedades organizadas.

As propriedades *territoriais* são a parte mais importante da propriedade *real*. No seu estado atual, elas atendem menos às necessidades pessoais que às necessidades sociais. Sua teoria é diferente e não é este o lugar de apresentá-la.

O homem só é livre com a segurança de não ser importunado no exercício de sua propriedade pessoal e no uso de sua propriedade real. Assim, todo cidadão tem o direito de ficar e de ir; de pensar, de falar e de escrever; de imprimir e de publicar; de trabalhar, de produzir, de guardar, de transportar, de trocar e de consumir etc.

Alcance da propriedade

Seus limites

Os limites da liberdade individual não são postos senão no ponto em que ela comece a prejudicar a liberdade de outrem. Compete à lei reconhecer esses limites e demarcá-los. Fora da lei, tudo é livre para todos, pois a união social não tem somente por objeto a liberdade de um ou de muitos indivíduos, mas a liberdade de todos. Uma sociedade na qual um homem fosse mais ou menos livre que outro seria, certamente, muito mal ordenada; ela deixaria de ser livre e seria preciso reconstituí-la.

Relações da sociedade com a liberdade

Parece, à primeira vista, que aquele que contrata um engajamento perde uma parte de sua liberdade. É mais exato dizer que, no momento em que contrata, longe de ser embaraçado na liberdade, ele a exerce como que lhe convém: todo engajamento é uma troca onde cada um prefere aquilo que recebe àquilo que dá.

Enquanto dure o engajamento, sem dúvida devem ser cumpridas as obrigações: a coisa engajada não é mais do indivíduo, e a liberdade, como dissemos, não se estende jamais ao ponto de prejudicar a outrem. No momento em que uma transformação das relações deslocou os limites nos quais a liberdade poderia ser exercida, a liberdade não é menos integral se a nova posição não é senão o resultado da escolha que se fez.

Garantia de liberdade

Inutilmente se afirmaria que a liberdade é um direito inalienável de todo cidadão, inutilmente a lei pronunciaria as penas cominadas aos infratores se não existisse, para manter o direito e para fazer executar a lei, uma força capaz de garantir a ambos.

A garantia da liberdade não será boa senão quando ela for suficiente; e ela não será suficiente senão quando os ataques que se lhe possa desferir forem impotentes contra a força destinada a defendê-la. Nenhum direito é completamente assegurado se não for protegido por uma força relativamente irresistível.

A liberdade individual, numa grande sociedade, tem três tipos de inimigos a temer:

Os menos perigosos são os cidadãos malévolos. Para reprimi-los é suficiente uma autoridade ordinária. Se a justiça não é sempre bem feita nesse gênero, não é por falta de uma força coercitiva relativamente suficiente; é, acima de tudo, porque a legislação é ruim e o Poder Judiciário mal constituído. É preciso remediar esse duplo inconveniente.

A liberdade individual tem muito dos empreendimentos dos agentes encarregados de exercer qualquer das parcelas do poder público. Simples mandatários isolados, corpos inteiros, o governo mesmo em sua totalidade podem deixar de respeitar os direitos do cidadão. Uma longa experiência prova que as nações não são muito precavidas contra essa forma de perigo.

Que espetáculo aquele de um mandatário que volta contra os concidadãos as armas ou o poder que recebeu para defendê-los; e que criminoso, em relação a si próprio, em relação à pátria, ousa transformar em instrumentos de opressão os meios que lhe foram confiados para a proteção comum! Uma boa constituição de todos os poderes públicos é somente a garantia que possa preservar as nações e os cidadãos dessa desgraça extrema.

A liberdade, enfim, pode ser atacada por um inimigo estrangeiro. Daí a necessidade de um exército. É evidente que ele é estranho à ordem interior, que não é criado senão na ordem das relações externas. Com efeito, se fosse possível que um povo permanecesse isolado sobre a terra, ou se se tornasse impossível aos outros povos atacá-lo, não seria certo que não teríamos nenhuma necessidade de um exército? A paz e a tranquilidade interiores exigem, em verdade, uma força coercitiva, mas de natureza absolutamente diferente. Ou, se a ordem interior, se o estabelecimento de uma força coercitiva legal pode ser passar por um exército, é de suma importância que, lá onde é um exército, a ordem interior tenha uma independência tal que jamais haja alguma espécie de relação entre um e outro.

É então incontestável que o soldado jamais deve ser empregado contra os cidadãos, e que a ordem interior do Estado deve ser de tal modo estabelecida que, em qualquer caso, em qualquer circunstância possível, não haja necessidade de recorrer ao poder militar, a não ser contra o inimigo estrangeiro.

As vantagens que podemos retirar do Estado Social não se limitam à proteção eficaz e completa da liberdade individual: os cidadãos ainda têm direito a todos os benefícios da associação. Esses benefícios se multiplicarão na medida em que a ordem social tire proveito das luzes que os assuntos, a experiência e as reflexões difundirem pela opinião pública. A arte de fazer brotar todos os bens possíveis do estado de sociedade é a primeira e a mais importante das artes. Uma associação organizada em prol do maior bem de todos será a obra-prima da inteligência e da virtude.

Outras vantagens do estado social

Ninguém ignora que os membros da sociedade retiram as maiores vantagens das propriedades públicas, dos trabalhos públicos. É fato que aquele cidadão de má sorte que condene a incapacidade do poder público para atender às suas necessidades tem justo direito ao socorro de seus concidadãos.

É fato que nada é mais próprio ao aperfeiçoamento da espécie humana, à moral e ao físico que um bom sistema de educação e de instrução pública. É fato que uma Nação forma com os outros povos relações de interesse que merecem de sua parte uma supervisão ativa etc. Mas não é na declaração de direitos que devemos encontrar a lista de todos os bens que uma boa constituição pode fornecer às pessoas. Basta dizer, assim, que os cidadãos têm, em comum, direito a tudo que o Estado possa fazer em seu favor.

Meios públicos da sociedade

Os *fins* da sociedade foram, assim, recordados. É claro que os *meios* públicos devem ser proporcionais, devem aumentar com a fortuna e a prosperidade nacionais. O conjunto desses meios, composto de pessoas e coisas, deve se chamar *instituição pública*, a fim de melhor recordar sua origem e sua destinação.

A instituição pública abarca todos os poderes

A instituição pública, espécie de corpo político que teria, como o corpo do homem, as necessidades e os meios, deve ser organizada de maneira mais ou menos similar. É preciso dotá-la da faculdade de querer e da faculdade de agir. O Poder Legislativo representa a primeira e o Poder Executivo representa a segunda dessas duas faculdades. O *governo* se confunde frequentemente com a ação ou o exercício desses dois poderes, mas essa palavra é mais particularmente consagrada à definição do Poder Executivo ou de sua ação. Nada é mais comum que ouvir dizer: deve-se governar segundo a lei; o que prova que o poder de fazer a lei é distinto do governo propriamente dito.

O poder ativo se subdivide em diversos ramos. É na *Constituição* que se segue essa análise.

A Constituição, por sua vez, define a formação e a organização interiores dos diferentes poderes públicos, sua necessária correspondência e sua independência recíproca. Enfim, as precauções políticas devem cercá-los de modo sensato, para que sempre preservem sua utilidade e não possam jamais se tornar perigosos.

> Isto é a Constituição

Tal é o verdadeiro sentido da palavra Constituição: ela se relaciona ao conjunto e à separação dos poderes públicos. Não é a Nação que se constitui, é sua instituição política. A Nação é o conjunto dos associados, todos governados, todos submetidos à lei, obra de suas vontades, todos iguais em direitos e livres na sua comunicação e nas ligações recíprocas. Os governos, ao contrário, formam, nesse contexto, um corpo político de criação social. Ou todo corpo tem necessidade de ser organizado, limitado e, em consequência, de ser constituído.

Assim, para repeti-lo mais uma vez, a Constituição de um povo não é e não pode ser senão a Constituição de seu governo, e do poder encarregado de fazer as leis, tanto para o povo, quanto para o governo.

Uma Constituição supõe, acima de tudo, um poder constituinte.

Poder constituinte e poderes constituídos

Os poderes compreendidos na instituição pública estão todos submissos à lei, às regras, às formas, e não são senhores para mudar. Como eles não puderam constituir a si próprios, não podem alterar a sua constituição; do mesmo modo, nada podem sobre a constituição uns dos outros. O poder constituinte pode tudo nesse gênero. Ele não é antecipadamente submetido a uma Constituição dada. A Nação, então, que exerce o maior, o mais importante dos seus poderes, deve ser, nessa função, livre de todo embaraço e de qualquer outra forma que não aquela que lhe convenha adotar.

Mas não é necessário que os membros da sociedade exerçam individualmente o poder constituinte. Eles podem depositar sua confiança em representantes que se reunirão apenas para esse objetivo, sem que possam, eles mesmos, exercer algum dos poderes constituídos. De resto, é no primeiro capítulo do projeto de constituição que se devem explicar os meios de formar e de reformar todas as suas partes.

Nós expusemos, até o presente, apenas os *direitos naturais e civis dos cidadãos*. Resta-nos reconhecer os direitos *políticos*.

Diferença entre os direitos civis e os direitos políticos

A diferença entre esses dois tipos de direitos consiste em que os direitos naturais e civis são aqueles *para* a manutenção e o desenvolvimento dos que formam a sociedade; e os direitos políticos aqueles *através dos quais* a sociedade se forma. Parece melhor, para a clareza da linguagem, chamar os primeiros de direitos *passivos*, e os segundos, de direitos *ativos*.

Todos os habitantes de um país devem gozar dos direitos do cidadão passivo: todos têm direito à proteção de sua pessoa, de sua propriedade, de sua liberdade etc.; mas nem todos têm o direito de tomar parte ativa na formação dos poderes públicos; nem todos são cidadãos *ativos*. As mulheres, ao menos no Estado atual, as crianças, os estrangeiros, aqueles, ainda, que não contribuam em nada para o sustento da instituição pública, não devem influir ativamente sobre a coisa pública. Todos podem gozar das vantagens da sociedade, mas somente aqueles que contribuem para a instituição pública são os verdadeiros acionários da grande empresa social. Somente eles são os verdadeiros cidadãos ativos, os verdadeiros membros da associação.

Cidadãos passivos, cidadãos ativos

Unidade do interesse social

A igualdade de direitos políticos é um princípio fundamental: é sagrada, como a igualdade dos direitos civis. Da desigualdade dos direitos políticos logo brotarão os privilégios. O privilégio é ou dispensa de um encargo comum, ou outorga exclusiva de um bem comum. Todo privilégio é, então, injusto, odioso e contraditório com o verdadeiro objetivo da sociedade. A lei, sendo um instrumento comum, obra de uma vontade comum, não pode ter por objeto senão o interesse comum. *Uma* sociedade não pode ter senão *um* interesse geral. Seria impossível estabelecer a ordem se pretendêssemos aceitar múltiplos interesses opostos. A ordem social supõe necessariamente *unidade* de objetivo e *concerto* de meios.

A associação: obra da unanimidade

A criação dos poderes públicos: obra da pluralidade

Uma associação política é obra da vontade unânime dos associados. Sua instituição pública é o resultado da vontade da pluralidade dos associados. Sabemos bem que a unanimidade, algo muito difícil de obter mesmo numa reunião pouco numerosa de homens, torna-se impossível numa sociedade de muitos milhões de indivíduos. A união social tem seus fins; é preciso adotar os meios possíveis para alcançá-los; é preciso, então, se contentar com a pluralidade. Mas é bom observar que mesmo nesse momento há uma espécie de unanimidade mediata, pois aqueles que unanimemente quiseram se reunir para gozar das vantagens da sociedade, também desejaram, unanimemente, todos os meios necessários à obtenção dessas vantagens. Somente a escolha dos meios é livre à pluralidade; e a todos aqueles que têm um desejo a pronunciar convêm sempre se reportar, antecipadamente, a essa pluralidade. É a partir dessas duas relações que a pluralidade se substitui, com razão, aos direitos da unanimidade. A vontade geral é, então, formada pela vontade da pluralidade.

Todos os poderes públicos, sem distinção, são uma emanação da vontade geral; todos emanam do povo, isto é, da Nação. Esses dois termos devem ser sinônimos. O mandatário público, qualquer que seja o seu posto, não exerce um poder que pertence a si próprio; é um poder de todos, que tão somente lhe foi confiado. Ele não poderia ser alienado, pois a vontade é inalienável, os povos são inalienáveis. O direito de pensar, de querer e de agir pessoalmente é inalienável: pode-se, apenas, cometer o seu exercício àqueles que tenham nossa confiança, e essa confiança tem por característica essencial o fato de ser livre. Logo, é um grande erro acreditar que uma função pública possa, algum dia, tornar-se propriedade de um homem. É um grande erro considerar o exercício do poder público um *direito*. É um *dever*. Os oficiais da Nação não têm, acima dos outros cidadãos, senão maiores deveres; e não se enganem, pois estamos longe dis-

> Todo poder, toda autoridade emana do povo

> Toda função pública é, não uma propriedade, mas uma comissão

> O exercício de uma função pública é, não um direito, mas um dever

so, que ao pronunciar essa verdade se queira depreciar o caráter do homem público. É a ideia de um grande dever a cumprir e, em consequência, de uma grande utilidade para os outros, que fez nascer e justifica as deferências e o respeito que dirigimos a esses homens. Nenhum desses sentimentos surgiria dentro de almas livres se encampada a ótica de que os homens não se distinguiriam senão pelos direitos, isto é, que não despertariam em nós senão a ideia de seu interesse particular.

Pode-se, aqui, terminar a exposição refletida dos direitos do homem e do cidadão que desejamos oferecer à Nação francesa e que propomos a nós mesmos para servir de guia na tarefa, que vamos desincumbir, de elaboração da Constituição. Mas, a fim de que esses direitos eternos sejam conhecidos por todos aqueles a que pertencem e para que possam ser examinados de forma mais confortável, nós apresentamos a todas as classes de cidadãos a parte mais essencial, em resultados simples de alcançar, da seguinte forma:

Art. I

Toda sociedade só pode ser o resultado livre da convenção entre todos os associados.

Art. II

O objeto de uma sociedade política só pode ser o maior bem de todos.

Art. III

Todo homem é o único proprietário de sua pessoa, e essa propriedade é inalienável.

Art. IV

Todo homem é livre no exercício de suas faculdades pessoais, com a só condição de não prejudicar os direitos de outrem.

Art. V

Assim como ninguém é responsável pelo pensamento nem pelos sentimentos, todo homem tem o direito de falar ou de se calar; nenhuma maneira de publicar os pensamentos e os sentimentos deve ser proibida e, em particular, cada um é livre para escrever, imprimir ou de fazer imprimir o que lhe pareça bom, sempre com a só condição de não atentar contra os direitos de outrem. Enfim, todo escritor pode vender ou fazer vender suas produções, podendo fazê-las circular livremente, tanto pelo serviço postal, como por qualquer outra via, sem jamais temer algum abuso de confiança. As cartas em particular devem ser sagradas para todos os intermediários que se encontrem entre aquele que escreve e aquele para o qual ele escreve.

Art. VI

Todo cidadão é igualmente livre para empregar sua força, seu ofício e seu capital tanto quanto julgar bom e útil a si próprio. Nenhuma espécie de trabalho lhe é proibida. Ele pode fabricar e produzir o que lhe agrade e como lhe agrade; ele pode guardar ou transportar, segundo a sua conveniência, toda espécie de mercadorias, e vendê-las no atacado ou no varejo. Em suas diversas ocupações, nenhum particular ou associação tem o direito de embaraçá-lo e, com maior razão, de impedi-lo. A lei só pode demarcar os limites necessários à garantia de igual liberdade a todos os outros.

Art. VII

Todo homem é igualmente senhor para ir ou permanecer, entrar ou sair, e mesmo para sair do reino ou a ele retornar, quando e como lhe pareça bom.

Art. VIII

Enfim, todo homem é o senhor do poder de dispor de seus bens e de sua propriedade e de regular a sua perda, do modo que lhe pareça adequado.

Art. IX

A liberdade, a propriedade e a segurança dos cidadãos devem basear-se numa garantia social superior a todos os atentados.

Art. X

Assim, a lei deve ter sob suas ordens uma força capaz de reprimir os cidadãos que tentem atacar os direitos de qualquer outro.

Art. XI

Assim, todos aqueles que estão encarregados de executar a lei, todos aqueles que exercem qualquer outra parcela de autoridade ou de poder público devem estar impossibilitados de atentar contra a liberdade dos cidadãos.

Art. XII

Assim, a ordem interior deve ser estabelecida e servida por uma força interior e legal, que jamais tenha necessidade de solicitar o perigoso socorro do poder militar.

Art. XIII

O poder militar não é criado, não existe e não deve atuar senão no âmbito das relações políticas exteriores. O soldado, assim, não deve jamais ser empregado contra os cidadãos. Ele somente pode ser comandado contra o inimigo exterior.

Art. XIV

Todo cidadão está igualmente submetido à lei, e ninguém é obrigado a obedecer a outra autoridade que não a da lei.

Art. XV

A lei tem por objeto o interesse comum; ela não pode atribuir nenhum privilégio a quem quer que seja; se existem privilégios estabelecidos, eles devem ser de logo abolidos, qualquer que seja a origem.

Art. XVI

Se os homens não são iguais em *meios*, isto é, em riquezas, em espírito, em força, daí não decorre que eles não sejam todos iguais em *direitos*. Perante a lei, todo homem é igual ao outro, ela protege a todos sem distinção.

Art. XVII

Nenhum homem é mais livre que o outro. Ninguém tem mais direito à sua propriedade que outra pessoa possa ter à sua própria. Todos devem desfrutar da mesma garantia e da mesma segurança.

Art. XVIII

Já que a lei obriga igualmente os cidadãos, ela deve punir igualmente os culpados.

Art. XIX

Todo cidadão convocado ou detido em nome da lei deve obedecer logo. Ele se torna culpado pela relutância.

Art. XX

Ninguém deve ser chamado à Justiça, detido ou aprisionado senão nos casos previstos e de acordo com as formas determinadas pela lei.

Art. XXI

Toda ordem arbitrária ou ilegal é nula. Aquele ou aqueles que a expediram, aquele ou aqueles que a assinaram são culpados. Aqueles que a portem, que a executem ou que a façam executar são culpados. Todos devem ser punidos.

Art. XXII

Os cidadãos surpreendidos por tais ordens têm o direito de repelir a violência pela violência.

Art. XXIII

Todo cidadão tem direito a uma justiça célere, tanto para sua pessoa, como para seus bens.

Art. XXIV

Todo cidadão tem direito às vantagens comuns que podem nascer do estado de sociedade.

Art. XXV

Todo cidadão que está impossibilitado de satisfazer às suas necessidades tem direito ao socorro de seus concidadãos.

Art. XXVI

A lei é a expressão da vontade geral. Num grande povo, ela deve ser a obra de um corpo de representantes escolhidos por um tempo curto, mediata ou imediatamente por todos os cidadãos que têm, na coisa pública, interesse e capacidade. Essas duas qualidades devem estar positiva e claramente determinadas pela Constituição.

Art. XXVII

Só se deve pagar a contribuição livremente votada pelos representantes da Nação.

Art. XXVIII

Todos os poderes públicos emanam do povo e somente têm por objeto o interesse do povo.

Art. XXIX

A constituição dos poderes públicos deve ser sempre ativa, sempre própria a cumprir a sua destinação; eles não podem jamais se desviar em detrimento do interesse social.

Art. XXX

Uma função pública jamais pode se tornar propriedade daquele que a exerce; seu exercício não é um direito, mas um dever.

Art. XXXI

Os agentes públicos, em todos os gêneros de poder, são responsáveis por suas prevaricações e por sua conduta. Somente o Rei deve ser excepcionado dessa lei. Sua pessoa é sempre sagrada e inviolável.

Art. XXXII

Um povo tem sempre o direito de rever e reformar a sua constituição. Ele pode estabelecer épocas fixas ou a revisão terá lugar sempre que necessário.

Fim.

ANEXO I – DECLARAÇÃO DOS DIREITOS DO HOMEM E DO CIDADÃO DE 1789

Os representantes do povo francês, reunidos em Assembleia Nacional, considerando que a ignorância, o esquecimento ou o desprezo dos direitos do homem são as únicas causas dos males públicos e da corrupção dos governos, resolveram expor, em uma declaração solene, os direitos naturais, inalienáveis e sagrados do homem; a fim de que essa declaração, constantemente presente junto a todos os membros do corpo social, lembre-lhes permanentemente de seus direitos e deveres; a fim de que os atos do poder legislativo e do poder executivo, podendo ser, a todo instante, comparados ao objetivo de qualquer instituição política, sejam por isso mais respeitados; a fim de que as reivindicações dos cidadãos, doravante fundadas em princípios simples e incontestáveis, estejam sempre voltadas para a preservação da Constituição e para a felicidade geral. Em razão disso, a Assembleia Nacional reconhece e declara, na presença e sob a égide do Ser Supremo, os seguintes direitos do homem e do cidadão:

Art. I

Os homens nascem e são livres e iguais em direitos. As distinções sociais só podem ter como fundamento a utilidade comum.

Art. II

A finalidade de toda associação política é a preservação dos direitos naturais e imprescritíveis do homem. Esses direitos são a liberdade, a propriedade, a segurança e a resistência à opressão.

Art. III

O princípio de toda a soberania reside, essencialmente, na nação. Nenhuma operação, nenhum indivíduo pode exercer autoridade que dela não emane expressamente.

Art. IV

A liberdade consiste em poder fazer tudo o que não prejudique o próximo: assim, o exercício dos direitos naturais de cada homem não tem por limites senão aqueles que asseguram aos outros membros da sociedade o gozo dos mesmos direitos. Estes limites só podem ser determinados pela lei.

Art. V

A lei não proíbe senão as ações nocivas à sociedade. Tudo o que não é vedado pela lei não pode ser obstado e ninguém pode ser constrangido a fazer o que ela não ordene.

Art. VI

A lei é a expressão da vontade geral. Todos os cidadãos têm o direito de concorrer, pessoalmente ou por meio de mandatários, para a sua formação. Ela deve ser a mesma para todos, seja para proteger, seja para punir. Todos os cidadãos são iguais a seus olhos e igualmente admissíveis a todas as dignidades, lugares e empregos públicos, segundo a sua capacidade e sem outra distinção que não seja a das suas virtudes e dos seus talentos.

Art. VII

Ninguém pode ser acusado, preso ou detido senão nos casos determinados pela lei e de acordo com as formas por esta prescritas. Os que solicitam, expedem, executam ou mandam executar ordens arbitrárias devem ser punidos; mas qualquer cidadão convocado ou detido em virtude da lei deve obedecer imediatamente, caso contrário torna-se culpado de resistência.

Art. VIII

A lei só deve estabelecer penas estrita e evidentemente necessárias e ninguém pode ser punido senão por força de uma lei estabelecida e promulgada antes do delito e legalmente aplicada.

Art. IX

Todo acusado é considerado inocente até ser declarado culpado e, caso seja considerado indispensável prendê-lo, todo o rigor desnecessário à guarda da sua pessoa deverá ser severamente reprimido pela lei.

Art. X

Ninguém pode ser molestado por suas opiniões, incluindo opiniões religiosas, desde que sua manifestação não perturbe a ordem pública estabelecida pela lei.

Art. XI

A livre comunicação das ideias e das opiniões é um dos mais preciosos direitos do homem; todo cidadão pode, portanto, falar, escrever e imprimir livremente, respondendo, todavia, pelos abusos dessa liberdade nos termos previstos na lei.

Art. XII

A garantia dos direitos do homem e do cidadão necessita de uma força pública; essa força é, portanto, instituída para benefício de todos, e não para utilidade particular daqueles a quem é confiada.

Art. XIII

Para a manutenção da força pública e para as despesas de administração é indispensável uma contribuição comum que deve ser dividida entre os cidadãos de acordo com suas possibilidades.

Art. XIV

Todos os cidadãos têm direito de verificar, por si mesmos ou pelos seus representantes, a necessidade da contribuição pública, de consenti-la livremente, de observar o seu emprego e de lhe fixar a repartição, a coleta, a cobrança e a duração.

Art. XV

A sociedade tem o direito de pedir contas a todo agente público pela sua administração.

Art. XVI

A sociedade em que não esteja assegurada a garantia dos direitos nem estabelecida a separação dos poderes não tem Constituição.

Art. XVII

Como a propriedade é um direito inviolável e sagrado, ninguém dela pode ser privado, a não ser quando a necessidade pública legalmente comprovada o exigir e sob condição de justa e prévia indenização.

ANEXO II – DECLARAÇÃO UNIVERSAL DOS DIREITOS HUMANOS DE 1948[1]

Preâmbulo

Considerando que o reconhecimento da dignidade inerente a todos os membros da família humana e dos seus direitos iguais e inalienáveis constitui o fundamento da liberdade, da justiça e da paz no mundo;

Considerando que o desconhecimento e o desprezo dos direitos do Homem conduziram a atos de barbárie que revoltam a consciência da Humanidade e que o advento de um mundo em que os seres humanos sejam livres de falar e de crer, libertos do terror e da miséria, foi proclamado como a mais alta inspiração do Homem;

Considerando que é essencial a proteção dos direitos do Homem através de um regime de direito, para que o

---

[1] A Declaração Universal dos Direitos Humanos foi adotada e proclamada pela Resolução 217 A (III) da Assembleia Geral das Nações Unidas, de 10 de dezembro de 1948, sendo assinada pelo Brasil na mesma data. A designação atual resultou da Resolução 548 (VI) da Assembleia Geral, que deliberou pela substituição da anterior – Declaração Universal dos Direitos do Homem – em todas as publicações das Nações Unidas.

Homem não seja compelido, em supremo recurso, à revolta contra a tirania e a opressão;

Considerando que é essencial encorajar o desenvolvimento de relações amistosas entre as nações;

Considerando que, na Carta, os povos das Nações Unidas proclamam, de novo, a sua fé nos direitos fundamentais do Homem, na dignidade e no valor da pessoa humana, na igualdade de direitos dos homens e das mulheres e se declaram resolvidos a favorecer o progresso social e a instaurar melhores condições de vida dentro de uma liberdade mais ampla;

Considerando que os Estados membros se comprometeram a promover, em cooperação com a Organização das Nações Unidas, o respeito universal e efetivo dos direitos do Homem e das liberdades fundamentais;

Considerando que uma concepção comum destes direitos e liberdades é da mais alta importância para dar plena satisfação a tal compromisso:

A Assembleia Geral proclama a presente Declaração Universal dos Direitos Humanos como ideal comum a atingir por todos os povos e todas as nações, a fim de que todos os indivíduos e todos os órgãos da sociedade, tendo-a constantemente no espírito, se esforcem, pelo ensino e pela educação, por desenvolver o respeito desses direitos e liberdades e por promover, por medidas progressivas de ordem nacional e internacional, o seu reconhecimento e a sua aplicação universais e efetivos tanto entre as populações dos próprios Estados membros como entre as dos territórios colocados sob a sua jurisdição.

Artigo 1º

Todos os seres humanos nascem livres e iguais em dignidade e em direitos. Dotados de razão e de consciência, devem agir uns para com os outros em espírito de fraternidade.

Artigo 2º

Todos os seres humanos podem invocar os direitos e as liberdades proclamados na presente Declaração, sem distinção alguma, nomeadamente de raça, de cor, de sexo, de língua, de religião, de opinião política ou outra, de origem nacional ou social, de fortuna, de nascimento ou de qualquer outra situação. Além disso, não será feita nenhuma distinção fundada no estatuto político, jurídico ou internacional do país ou do território da naturalidade da pessoa, seja esse país ou território independente, sob tutela, autônomo ou sujeito a alguma limitação de soberania.

Artigo 3º

Todo indivíduo tem direito à vida, à liberdade e à segurança pessoal.

Artigo 4º

Ninguém será mantido em escravatura ou em servidão; a escravatura e o trato dos escravos, sob todas as formas, são proibidos.

Artigo 5º

Ninguém será submetido a tortura nem a penas ou tratamentos cruéis, desumanos ou degradantes.

Artigo 6º

Todos os indivíduos têm direito ao reconhecimento, em todos os lugares, da sua personalidade jurídica.

Artigo 7º

Todos são iguais perante a lei e, sem distinção, têm direito a igual proteção da lei. Todos têm direito a proteção igual contra qualquer discriminação que viole a presente Declaração e contra qualquer incitamento a tal discriminação.

Artigo 8º

Toda pessoa tem direito a recurso efetivo para as jurisdições nacionais competentes contra os atos que violem os direitos fundamentais reconhecidos pela Constituição ou pela lei.

Artigo 9º

Ninguém pode ser arbitrariamente preso, detido ou exilado.

Artigo 10º

Toda pessoa tem direito, em plena igualdade, a que a sua causa seja equitativa e publicamente julgada por um tribunal independente e imparcial que decida dos seus direitos e obrigações ou das razões de qualquer acusação em matéria penal que contra ela seja deduzida.

Artigo 11º

Toda pessoa acusada de um ato delituoso presume-se inocente até que a sua culpabilidade fique legalmente provada no decurso de um processo público em que todas as garantias necessárias de defesa lhe sejam asseguradas.

Ninguém será condenado por ações ou omissões que, no momento da sua prática, não constituíam ato delituoso à face do direito interno ou internacional. Do mesmo modo, não será infligida pena mais grave do que a que era aplicável no momento em que o ato delituoso foi cometido.

Artigo 12º

Ninguém sofrerá intromissões arbitrárias na sua vida privada, na sua família, no seu domicílio ou na sua correspondência, nem ataques à sua honra e reputação. Contra tais intromissões ou ataques toda pessoa tem direito a proteção da lei.

Artigo 13º

Toda pessoa tem o direito de livremente circular e escolher a sua residência no interior de um Estado.

Toda pessoa tem o direito de abandonar o país em que se encontra, incluindo o seu, e o direito de regressar ao seu país.

Artigo 14º

Toda pessoa sujeita a perseguição tem o direito de procurar e de beneficiar-se de asilo em outros países.

Este direito não pode, porém, ser invocado no caso de processo realmente existente por crime de direito comum ou por atividades contrárias aos fins e aos princípios das Nações Unidas.

Artigo 15º

Todo o indivíduo tem direito a ter uma nacionalidade.

Ninguém pode ser arbitrariamente privado da sua nacionalidade nem do direito de mudar de nacionalidade.

Artigo 16º

A partir da idade núbil, o homem e a mulher têm o direito de casar e de constituir família, sem restrição alguma de raça, nacionalidade ou religião. Durante o casamento e na altura da sua dissolução, ambos têm direitos iguais.

O casamento não pode ser celebrado sem o livre e pleno consentimento dos futuros esposos.

A família é o elemento natural e fundamental da sociedade e tem direito à proteção desta e do Estado.

Artigo 17º

Toda pessoa, individual ou coletiva, tem direito à propriedade.

Ninguém pode ser arbitrariamente privado da sua propriedade.

Artigo 18º

Toda pessoa tem direito à liberdade de pensamento, de consciência e de religião; este direito implica a liberdade de mudar de religião ou de convicção, assim como a liberdade de manifestar a religião ou convicção, sozinho ou em comum, tanto em público como em privado, pelo ensino, pela prática, pelo culto e pelos ritos.

Artigo 19º

Todo o indivíduo tem direito à liberdade de opinião e de expressão, o que implica o direito de não ser inquietado pelas suas opiniões e o de procurar, receber e difundir, sem consideração de fronteiras, informações e ideias por qualquer meio de expressão.

Artigo 20º

Toda pessoa tem direito à liberdade de reunião e de associação pacíficas.

Ninguém pode ser obrigado a fazer parte de uma associação.

Artigo 21º

Toda pessoa tem o direito de tomar parte na direção dos negócios públicos do seu país, quer diretamente, quer por intermédio de representantes livremente escolhidos.

Toda pessoa tem direito de acesso, em condições de igualdade, às funções públicas do seu país.

A vontade do povo é o fundamento da autoridade dos poderes públicos: e deve exprimir-se por meio de eleições honestas a realizar periodicamente por sufrágio universal e igual, com voto secreto ou segundo processo equivalente que salvaguarde a liberdade de voto.

Artigo 22º

Toda pessoa, como membro da sociedade, tem direito à segurança social; e pode legitimamente exigir a satisfação dos direitos econômicos, sociais e culturais indispensáveis, graças ao esforço nacional e à cooperação internacional, de harmonia com a organização e os recursos de cada país.

Artigo 23º

Toda pessoa tem direito ao trabalho, à livre escolha do trabalho, a condições equitativas e satisfatórias de trabalho e à proteção contra o desemprego.

Todos têm direito, sem discriminação alguma, a salário igual por trabalho igual.

Quem trabalha tem direito a uma remuneração equitativa e satisfatória, que lhe permita e à sua família uma existência conforme com a dignidade humana, e completada, se possível, por todos os outros meios de proteção social.

Toda pessoa tem o direito de fundar com outras pessoas sindicatos e de se filiar em sindicatos para defesa dos seus interesses.

Artigo 24º

Toda pessoa tem direito ao repouso e aos lazeres, especialmente à limitação razoável da duração do trabalho e às férias periódicas pagas.

Artigo 25º

Toda pessoa tem direito a um nível de vida suficiente para assegurar a si e à sua família a saúde e o bem-estar, principalmente quanto à alimentação, ao vestuário, ao alojamento, à assistência médica e ainda quanto aos serviços sociais necessários, e tem direito à segurança no desemprego, na doença, na invalidez, na viuvez, na velhice ou noutros casos de perda de meios de subsistência por circunstâncias independentes da sua vontade.

A maternidade e a infância têm direito a ajuda e a assistência especiais. Todas as crianças, nascidas dentro ou fora do matrimônio, gozam da mesma proteção social.

Artigo 26º

Toda pessoa tem direito à educação. A educação deve ser gratuita, pelo menos a correspondente ao ensino elementar fundamental. O ensino elementar é obrigatório. O ensino técnico e profissional dever ser generalizado; o acesso aos estudos superiores deve estar aberto a todos em plena igualdade, em função do seu mérito.

A educação deve visar à plena expansão da personalidade humana e ao reforço dos direitos do Homem e das liberdades fundamentais e deve favorecer a compreensão, a tolerância e a amizade entre todas as nações e todos os grupos raciais ou religiosos, bem como o desenvolvimento das atividades das Nações Unidas para a manutenção da paz.

Aos pais pertence a prioridade do direito de escolher o gênero de educação a dar aos filhos.

Artigo 27º

Toda pessoa tem o direito de tomar parte livremente na vida cultural da comunidade, de fruir as artes e de participar no progresso científico e nos benefícios que deste resultam.

Todos têm direito à proteção dos interesses morais e materiais ligados a qualquer produção científica, literária ou artística da sua autoria.

Artigo 28º

Toda pessoa tem direito a que reine, no plano social e no plano internacional, uma ordem capaz de tornar plenamente efetivos os direitos e as liberdades enunciadas na presente Declaração.

Artigo 29º

O indivíduo tem deveres para com a comunidade, fora da qual não é possível o livre e pleno desenvolvimento da sua personalidade.

No exercício deste direito e no gozo destas liberdades ninguém está sujeito senão às limitações estabelecidas pela lei com vista exclusivamente a promover o reconhecimento e o respeito dos direitos e liberdades dos outros e a fim de satisfazer as justas exigências da moral, da ordem pública e do bem-estar numa sociedade democrática.

Em caso algum estes direitos e liberdades poderão ser exercidos contrariamente aos fins e aos princípios das Nações Unidas.

Artigo 30º

Nenhuma disposição da presente Declaração pode ser interpretada de maneira a envolver para qualquer Estado, agrupamento ou indivíduo o direito de se entregar a alguma atividade ou de praticar algum ato destinado a destruir os direitos e liberdades aqui enunciados.

Formato	14 x 21 cm
Tipografia	Iowan 11/15
Papel	Offset Sun Paper 90 g/m² (miolo)
	Supremo 250 g/m² (capa)
Número de páginas	128
Impressão	Yangráf